职业教育新能源汽车专业"互联网+"创新型教材

新能源汽车充电系统构造与检修

主编 李仕生 张 杨
参编 张 科 张 静 白云生 杨俊伟

机械工业出版社

本书共有4个项目，分别是新能源汽车充电系统的认知与使用，新能源汽车充电方式及原理认知，新能源汽车充电系统的结构、原理与检修，新能源汽车充电站的设计与运行，以近年来针对中、高职学生开展的国家级（包括教育部、交通部、人社部等）新能源汽车维修赛项所使用的吉利和比亚迪的新能源汽车主流车型为例，以掌握新能源汽车的充电主流技术及其检修方法为主要目标，对充电系统的构造与检修进行了全方位的讲解，并将职业资格证书和职业技能等级证书的职业标准有机地融入其中。

本书提供了大量的实车图片，并配备大量的实车操作视频及微课，以方便读者理解相关知识、更深入地学习。

本书单独配有任务工单，以方便进行实操训练。

本书配有电子课件、试卷及答案等，凡使用本书作为教材的教师均可登录机械工业出版社教育服务网（www.cmpedu.com）注册后免费下载。咨询电话：010-88379375。

本书可作为职业院校新能源汽车技术和汽车运用与维修技术等专业的教学用书，也可作为新能源汽车企业的内部培训用书和新能源汽车从业人员的学习参考书。

图书在版编目（CIP）数据

新能源汽车充电系统构造与检修/李仕生，张杨主编．—北京：机械工业出版社，2022.9（2025.1重印）

职业教育新能源汽车专业"互联网+"创新型教材

ISBN 978-7-111-71513-9

Ⅰ.①新… Ⅱ.①李…②张… Ⅲ.①新能源-汽车-充电-高等职业教育-教材 Ⅳ.①U469.72

中国版本图书馆CIP数据核字（2022）第158216号

机械工业出版社（北京市百万庄大街22号 邮政编码100037）
策划编辑：葛晓慧 责任编辑：葛晓慧 张双国
责任校对：陈 越 刘雅娜 封面设计：王 旭
责任印制：张 博
北京建宏印刷有限公司印刷
2025年1月第1版第5次印刷
210mm×285mm·8.75印张·205千字
标准书号：ISBN 978-7-111-71513-9
定价：43.00元

电话服务	网络服务
客服电话：010-88361066	机 工 官 网：www.cmpbook.com
010-88379833	机 工 官 博：weibo.com/cmp1952
010-68326294	金 书 网：www.golden-book.com
封底无防伪标均为盗版	机工教育服务网：www.cmpedu.com

前言

目前，新能源汽车是战略性新兴产业之一，发展新能源汽车是中国由汽车大国迈向汽车强国的必由之路。中国新能源汽车产业已由导入期迈入成长期。2022年全球新能源汽车销售突破1000万辆，其中我国新能源汽车销量达到688.7万辆；截至2022年，我国新能源汽车保有量约为1310万辆，汽车保有量为3.19亿辆，新能源汽车保有量占比约为4.1%，其成长空间非常广阔。因此，我们借助国家"双高"院校建设项目组织教师和企业人员成立新能源汽车课程研发小组，编写了一套职业教育新能源汽车专业"互联网+"创新型教材，包括《新能源汽车动力蓄电池及管理系统检修》《新能源汽车驱动电机及控制系统检修》《新能源汽车充电系统构造与检修》《新能源汽车高压防护与安全操作》。

本书采用学习任务导入模式，学习任务多以企业案例作为引子，增强了学习内容的融入感和教学效果，同时书中融入素质教育内容，以培养严谨细致的具有中国工匠精神的新能源汽车技术人才，为我国早日步入汽车强国之列添砖加瓦。本书所使用的车型主要是近年来针对中、高职学生开展的国家级（包括教育部、交通部、人社部等）新能源汽车维修赛项所使用的吉利和比亚迪的新能源汽车主流车型，以掌握新能源汽车的充电主流技术及其检修方法为主要目标，对新能源汽车充电系统的构造与检修进行了全方位的讲解。

本书共有4个项目，分别是新能源汽车充电系统的认知与使用，新能源汽车充电方式及原理认知，新能源汽车充电系统的结构、原理与检修，新能源汽车充电站的设计与运行。每个项目由若干学习任务组成，学习任务包括任务描述、学习目标与相关知识等内容。各学习任务是在编者们深入到新能源汽车维修一线收集、整理关于新能源汽车充电及其控制系统常见故障及维修思路的基础上，选取的充电系统检修的典型工作任务，对学生排除故障具有引导和示范作用。另外，本书还配备任务工单，任务工单对应每个学习任务。每个任务工单以任务准备、任务实施、任务评价为主线，结合理论内容进行实践操作，形成理实一体化的教学模式。

本书深刻理解国家对产业结构优化升级、科技创新、全方位人才培养的重要举措，将党的二十大精神中"加快建设教育强国、科技强国、人才强国，坚持为党育人、为国育才"的战略思想融入其中，依据教育部颁布的专业教学标准中每门课程的主要教学内容和要求，与职业技能等级证书职业标准中对新能源汽车充电技术的结构及原理认知、故障诊断与维修技能的掌握有机地结合在一起，所涉及的工作任务紧扣实际工作需要，合理设置理论教学和技能训练的课时分配，实现"教、学、做"合一，增强教材的实用性。本书内容编排打破传统的知识体系，以"必需、够用"为原则，将冗长的理论、原理知识点化，知识点任务化、案例化，并与实际操作合二为一，将理论与实践一体化，体现"学中做"和"做中学"，让学生在做中学习，在做中发现规律，获取知识。

本书由重庆工业职业技术学院李仕生、张杨担任主编，重庆工业职业技术学院张科、张静、重庆五一职业技术学院白云生、深圳风向标教育资源股份有限公司杨俊伟参加了编写。具体编写分工如下：张科编写项目一及项目四的学习任务三；李仕生编写项目二；张杨编写项目三；白云生编写项目四的学习任务一；张静编写项目四的学习任务二；杨俊伟参与了编写校对工作。

本书在编写过程中得到深圳风向标教育资源股份有限公司和浙江吉利汽车销售有限公司的技术支持，并参考了大量的文献资料，在此一并表示感谢。

由于编者水平有限，书中难免存在错误和疏漏之处，恳请广大读者批评指正。

编　者

二维码索引

新能源汽车充电系统构造与检修

名称	二维码	页码	名称	二维码	页码
车载充电机结构		2	直流充电柜认知		13
车载充电机工作原理		2	使用直流充电柜出现危险时的紧急停机方法		18
交流充电接口电气标准认知		10	壁挂式单相和三相交流充电盒的区别		20
交流充电插头电气标准认知		10	壁挂式单相交流充电盒充电步骤		21
直流充电接口电气标准认知		12	充电系统的框图		24
直流充电插头电气标准认知		12	涓流充电原理		25
常规充电方式操作步骤		13	恒压充电过程认知		26
快速充电方式操作步骤		13	交流充电过程		27

（续）

名称	二维码	页码	名称	二维码	页码
充电系统电路原理		32	充电接口 CP 控制线路故障诊断与排除方法		46
充电接口常规检测		33	交流充电接触器控制线路故障诊断与排除方法		47
充电接口灯照明灯不亮故障诊断与排除		34	交流充电桩刷卡无反应故障诊断与排除		48
吉利帝豪 EV450 电动汽车直流充电电路原理		36	交流无法充电故障诊断与排除方法		48
吉利帝豪 EV450 交流充电电路原理		37	充电接口的拆卸		53
直流充电接触器故障诊断与排除方法		41	充电接口的安装		54
直流无法充电故障诊断与排除方法		41	充电接口更换后的检查		54
车载充电机无低压直流电输出故障诊断与排除方法		43	车载充电系统高低压转换原理		55
充电接口 CC 控制电路故障诊断与排除方法		46			

目 录

前言
二维码索引

项目一　新能源汽车充电系统的认知与使用 …………………………………………………… 1
　学习任务一　充电设备的认知 …………………………………………………………………… 1
　学习任务二　新能源汽车充电操作 ……………………………………………………………… 13

项目二　新能源汽车充电方式及原理认知 …………………………………………………… 24
　学习任务一　新能源汽车充电方式认知 ………………………………………………………… 24
　学习任务二　新能源汽车充电原理认知 ………………………………………………………… 32

项目三　新能源汽车充电系统的结构、原理与检修 ………………………………………… 41
　学习任务一　快充系统的结构、原理与检修 …………………………………………………… 41
　学习任务二　慢充系统的结构、原理与检修 …………………………………………………… 46
　学习任务三　高、低压转换系统的故障检修 …………………………………………………… 55

项目四　新能源汽车充电站的设计与运行 …………………………………………………… 63
　学习任务一　新能源汽车充电站的认知 ………………………………………………………… 63
　学习任务二　新能源汽车充电站的运行规范 …………………………………………………… 67
　学习任务三　新能源汽车充电桩的装配与调试 ………………………………………………… 73

参考文献 …………………………………………………………………………………………… 83

任务工单

项目一 新能源汽车充电系统的认知与使用

充电系统是新能源汽车重要的能量补给系统,它将交流或直流电网(电源)调整为校准的电压/电流,为电动汽车动力蓄电池提供电能,也可以额外地为车载电气设备供电。充电系统主要分为交流(慢速)充电系统和直流(快速)充电系统两种。通过本项目的学习,学生应能准确辨认不同类型的充电设备,了解充电设备及充电接口相关的国家标准,正确利用不同类型的充电设备对新能源汽车进行充电。

学习任务一 充电设备的认知

任务描述

星星充电公司近期新入职了一批员工,为了使这批员工尽快适应工作岗位,公司领导安排技术总监对新员工进行技术培训,培训目的主要是让新员工尽快熟悉公司主营的各类充电桩产品,了解国家对充电设备的各种要求。如果你是公司的技术总监,你打算如何准备这个培训呢?

学习目标

1)能够准确地讲述新能源汽车对充电设备的具体要求。
2)能够准确地辨认不同类型的充电设备。
3)能够掌握充电设备相关的国家标准。
4)能够掌握充电接口相关的国家标准。
5)培养学生爱岗敬业、专业和耐心地为客户提供服务的意识。

相关知识

一、充电设备简介

新能源汽车充电设备是指与新能源汽车或动力蓄电池相连接,并为其提供电能的设备,是新能源汽车充电站最主要的设备,如图1-1-1所示。

(一)新能源汽车对充电设备的要求

新能源汽车对充电设备的基本要求如下:
1)安全性高。电动汽车充电时,要确保人员的人身安全和动力蓄电池包的安全。
2)使用方便。充电设备应具有较高的智能性,不需要操作人员过多地干预充电过程。
3)成本低。成本经济、价格低廉的充电设备有助于降低电动汽车的成本,提高运行效益,促进电动汽车的商业化推广。

4）效率高。高效率是对现代充电设备最重要的要求之一，效率的高低对电动汽车的能量效率有重大影响。

5）对供电电源污染小。采用电力电子技术的充电设备是一种高度非线性的设备，会对供电网及其他用电设备产生有害的谐波污染，而且由于充电设备功率因数低，在充电系统负载增加时，对其供电网的影响也不容忽视。充电桩的电气条件如图1-1-2所示。

图 1-1-1　电动汽车充电设备

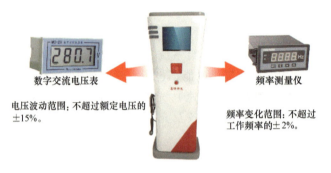

图 1-1-2　充电桩的电气条件

（二）新能源汽车充电设备的类型

新能源汽车充电设备一般分为非车载充电机、车载充电机、交流充电桩、直流充电桩和交直流一体化充电桩等。

1. 非车载充电机

非车载充电机是指安装在新能源汽车车体外，将电网的交流电转换成直流电，采用传导方式为电动汽车动力蓄电池充电的装置，如图1-1-3所示。

2. 车载充电机

车载充电机是指固定安装在新能源汽车上，将电网的交流电转换成直流电，采用传导方式为动力蓄电池充电的装置，如图1-1-4所示。

3. 交流充电桩

交流充电桩是指固定安装在新能源汽车车体外，与交流电网连接，采用传导方式为具有车载充电装置的新能源汽车提供交流电源的装置。交流充电桩只提供电力输出，没有充电功能，需连接车载充电机为新能源汽车充电。图1-1-5所示为交流充电桩。

4. 直流充电桩

直流充电桩是指固定安装在新能源汽车车体外，与交流电网连接，将电网的交流电转换成直流电，为新能源汽车提供直流电源的装置。直流充电桩一般采用三相四线制供电，输入电压为（AC 380V±15%），频率为50Hz，输出一般为可调节的直流电，可直接为电动汽车的动力蓄电池充电。图1-1-6所示为直流充电桩。

5. 交直流一体化充电桩

交直流一体化充电桩采用交直流一体的结构，既可以直流充电，也可以交流充电。白天充电业务多时，可使用直流方式进行快速充电；夜间充电业务少时，可使用交流方式进行慢充。图1-1-7所示为交直流一体化充电桩。

车载充电机结构

车载充电机工作原理

图 1-1-3　非车载充电机

图 1-1-4　车载充电机

图 1-1-5　交流充电桩

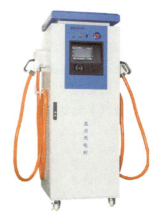
图 1-1-6　直流充电桩

（三）新能源汽车充电技术的发展趋势

尽管新能源汽车充电设施的建设受到不同因素的影响，其建设方式和建设要求需根据实际情况而确定，但随着新能源汽车的逐步推广和新能源汽车技术的日益发展，新能源汽车充电技术有以下的发展趋势。

1. 高安全性

动力蓄电池技术状态的不一致性是各类动力蓄电池都有的基本特性之一，主要表现在动力蓄电池的容量误差、内阻误差和电压误差。少量动力蓄电池的一致性误差并不明显，但是由数十个甚至数百个动力蓄电池单体所组成的动力蓄电池组，其容量误差、内阻误差和电压误差等就会凸显出来。新能源汽车充电不是对动力蓄电池单体依次充电，而是对整个动力蓄电池组进行充电。

图 1-1-7　交直流一体化充电桩

在充电的过程中，由于内阻误差的存在，导致在整个动力蓄电池组中的单体两端的电压形成误差，内阻误差越大，形成的电压误差越明显。虽然整个动力蓄电池组两端的充电电压不会超过额定电压，但是个别单体蓄电池两端的电压，有可能超过其额定电压，从而导致动力蓄电池组充电不均衡、单体蓄电池充电量不一的状况。如果动力蓄电池的电压误差过大，就有可能超过动力蓄电池充电的安全能力，引起动力蓄电池过热，导致电动汽车起火事故，如图 1-1-8 所示。因而，用于新能源汽车的充电装置必须具备防止动力蓄电池单体电压和温度超过允许值的技术措施，以提高新能源汽车充电过程的安全性。

2. 充电快速化

相比发展前景良好的镍氢动力蓄电池和锂离子动力蓄电池而言，传统铅酸动力蓄电池具有技术成熟、成本低、容量大、跟随负荷输出特性好等优点，但同样存在着比能量低、一次充电续驶里程短的问题。因此，在目前动力蓄电池不能直接提供更长续驶里程的情况下，如果能够实现动力蓄电池充

图 1-1-8　电动汽车起火事故

电快速化，从某种意义上也就解决了电动汽车续驶里程短的问题。

3. 充电通用化

在很长一段时间内，新能源汽车用的动力蓄电池仍将是多种类型共存的局面，在此背景下，

用于公共场所的充电装置必须具有适应多种类型动力蓄电池和适应各种电压等级的能力。新能源汽车社区充电站如图 1-1-9 所示。

4. 充电智能化

优化动力蓄电池智能化充电方法的目标是实现动力蓄电池无损充电，监控动力蓄电池的放电状态，避免过放电现象，从而达到延长动力蓄电池的使用寿命和节能的目的。图 1-1-10 所示为新能源汽车充电桩智能控制终端。充电智能化的应用技术发展主要体现在以下方面：

图 1-1-9　新能源汽车社区充电站

图 1-1-10　新能源汽车充电桩智能控制终端

1）优化的智能充电技术和充电桩。
2）动力蓄电池电量的计算、指导和智能化管理。
3）动力蓄电池故障的自动诊断和维护技术等。

5. 电能转换高效化

衡量商业化运行的新能源汽车的能耗指标时，不仅要考察新能源汽车驱动等系统的能耗指标，更要关注新能源汽车从电网获取电能的利用率。新能源汽车的能耗指标与其运行能源费用紧密相关，降低新能源汽车的运行能耗是推动新能源汽车产业发展的关键措施之一。因此，提高充电装置的电能转换效率、采用高效充电装置，对于降低新能源汽车的能耗具有重要意义。提高充电装置电能转换效率的主要技术措施是选择高效变流电路拓扑，提高充电装置的效率因数，尽可能地降低输出电流的交流分量并采用高效的充电控制算法。对于充电桩，从电能转换效率和建造成本方面考虑，应优先选择电能转换效率高、建造成本低的充电装置。

6. 充电集成化

随着动力蓄电池可靠性和稳定性要求的提高，充电系统将和新能源汽车能量管理系统集成为一个整体，无需外部组件即可实现体积更小、集成化更高的充电解决方案，从而为新能源汽车其余部件节约出布置空间，大大降低系统成本，并可优化充电效果，延长动力蓄电池的使用寿命。

7. 对动力蓄电池使用寿命影响小

动力蓄电池的使用寿命极大地影响电动汽车的运行成本，如果动力蓄电池性能早衰，电动汽车的续驶里程就会大大缩短，影响正常使用。动力蓄电池衰老过程如图 1-1-11 所示。如果动力蓄电池使用寿命提前终止，就需要更换动力蓄电池。动力蓄电池的使用寿命除了与动力蓄电池制造技术、制造工艺和动力蓄电池组的一致性等因素有较大关

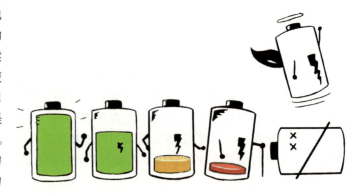

图 1-1-11　动力蓄电池衰老过程

系外，还与充电装置的性能直接相关。选用对动力蓄电池没有伤害的充电控制策略和性能稳定的充电装置，是保障动力蓄电池使用寿命达到设计指标，防止动力蓄电池过早损坏的合理途径，也是降低运营成本的重要技术措施之一。

8. 操作简单化

新能源汽车充电系统的操作必须简单方便，可使所有用户都能独立操作完成。由于新能源汽车应用对象很广泛，虽然有技术要求和技术指导文件，但不能保证每个用户的学习和领会能力都在同一水平，也不可能因此而增加人员来对新能源汽车进行充电服务。如果充电系统操作烦琐而又复杂，势必会需要更多的高素质技术人员，增加管理成本。尤其对于公共充电系统，必须具有智能化的操作特性，降低对操作人员的要求，如图1-1-12所示。

图1-1-12 充电操作

 拓展延伸

2020年4月23日，华为技术有限公司面向全球发布了HUAWEI HiCharger直流快充模块，国内版本为30kW，海外版本为20kW。两个版本同尺寸，支持充电桩同尺寸扩容，300~1000V全段恒功率输出，满足未来车辆高压快充演进趋势。华为直流快充模块年平均失效率0.6%，远低于业界均值3%~5%。

在智能运维上，HUAWEI HiCharger直流快充模块给客户带来了全新的价值体验。根据内部传感器采集的温度数据结合人工智能算法，HUAWEI HiCharger直流快充模块可以识别充电桩的防尘网堵塞以及模块风扇的堵转状态，远程提醒运营商实施精准、可预测性维护，免去了频繁地上站检查。HUAWEI HiCharger直流快充模块还支持OTA升级，这意味着未来相关产品如果有新的特性，可以直接通过OTA软件升级来实现，免去人工上站升级，由此大大降低整体的运维费用。

为解决噪声问题，HUAWEI HiCharger直流快充模块提供静音模式，供噪声敏感环境应用选择。同时，通过模块内的传感器温度监测，根据环境温度的变化精准调节风扇转速。环境温度降低时，风扇转速下降，降低噪声，做到低温低噪。

二、充电设备国家标准

2015年发布了《电动汽车传导充电系统 第1部分：通用要求》（GB/T 18487.1—2015）、《电动汽车传导充电用连接装置 第1部分：通用要求》（GB/T 20234.1—2015）、《电动汽车传导充电用连接装置 第2部分：交流充电接口》（GB/T 20234.2—2015）、《电动汽车传导充电用连接装置 第3部分：直流充电接口》（GB/T 20234.3—2015）等标准，主要适用于电动汽车非车载传导充电的电动汽车供电设备，主要包括交流充电桩、非车载充电设备、电动汽车充电用连接装置等，其供电电源额定电压和额定输出电压最大值均为AC 1000V或DC 1500V。

对比之前的版本，新标准适用于为电动汽车提供非车载、传导式充电的供电设备，重点强调了不适用于车载充电设备和非道路车辆的供电设备。同时，新标准对系统分类、供电设备结构、车辆和设施之间的连接、控制、安全使用条件等内容做了详细规定。

在《电动汽车传导充电系统 第1部分：通用要求》（GB/T 18487.1—2015）第三部分充电系统的术语和定义部分给出了充电模式和连接方式两个主要概念，主要包含4种充电模式和3种连接方式。在模式2、模式3和模式4下，电动汽车供电设备至少应提供以下控制导引功能：保护接地导体连续性的持续监测；电动汽车与供电设备正确连接的确认；供电控制功能；断电控制功能；充电电流的监测。

非车载充电设备的技术参数误差要求：当交流电源电压在标称值±15%范围内变化，输出直流电压在规定的相应调节范围内变化时，输出直流电流在额定值的20%~100%范围内任一数值应保持稳定，输出电流精度应小于±1%；当交流电源电压在标称值±15%范围内变化，输出直流电流在额定值的0~100%范围内变化时，输出直流电压在规定的相应调节范围内任一数值上应保持稳定，输出电压精度应小于±0.5%。

1. 交流充电桩

（1）环境条件　如图 1-1-13 所示。

图 1-1-13　交流充电桩环境条件

1）湿度：5%~95%。
2）温度：-20~50℃。
3）海拔：≤2000m。
4）使用地点不得有爆炸危险介质，周围不含有腐蚀性和破坏绝缘的有害气体及导电介质。
5）抗振能力：使用地点无强烈振动和冲击，无强电磁干扰，外磁场感应强度不得超过 0.5mT。
6）安装垂直倾斜度不超过5°。

（2）三防标准　三防为防潮湿、防霉变、防盐雾，保证充电机内印制线路板、插接件等电路免受潮湿、霉变、盐雾侵蚀等恶劣情况，确保充电桩正常工作，降低故障率。在防盐雾腐蚀方面，充电桩应达到《环境条件分类　自然环境条件　尘、沙、盐雾》（GB/T 4797.6—2013）中的标准。

（3）防锈标准　充电桩所使用的铁质材料都应当采取防氧化保护，非铁质的金属外壳也要防止高温氧化，涂上标准涂层。

（4）防风标准　经测算，充电桩稳固强度要能够抗住《环境条件分类　自然环境条件　降水和风》（GB/T 4797.5—2017）中规定的相对风速的侵袭。

（5）防盗标准　充电桩外壳打开处安装防盗锁，以防恶意拆卸改装。

（6）结构标准

1）交流充电桩外壳牢固，不易毁坏。
2）做好防漏电措施。
3）绝缘材料包裹操作触摸部位，确保人身安全。
4）充电桩底部固定在高于地面 200mm 以上的基座上。
5）桩体底部应固定安装在高于地面不小于 200mm 的基座上。基座面积不应大于 500mm×500mm。
6）交流充电桩应选用厚度在 1.0mm 以上钢组合结构，表面采用浸塑处理，并充分考虑散热的标准。充电桩应有良好的防电磁干扰的屏蔽功能。

充电桩安全防护如图 1-1-14 所示。

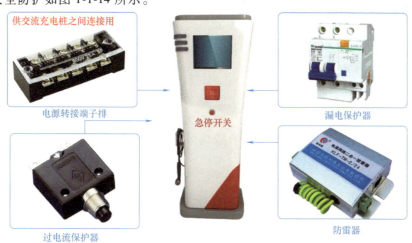

图 1-1-14　充电桩安全防护

（7）安全防护功能
1）安装急停开关，手动紧急断开充电。
2）控制充电桩温度，防止自燃。
3）交流充电桩应具备输出侧的漏电防护功能。
4）交流充电桩应具备输出侧过电流和短路防护功能。

（8）IP 防护等级　室内充电桩的防护等级需要达到 IP32 以上，而室外充电桩需要面临风雨交加的恶劣环境，需要更好的绝缘性和避雷条件，其防护等级要达到 IP54 才能保障人身安全、车身安全和充电桩安全，如图 1-1-15 所示。

2. 直流充电柜

下面以星星充电 DH-DC0600SG2X40-60kW 充电柜（图 1-1-16）为例讲解直流充电柜相关要求。

（1）产品性能
1）具备恒流恒压充电功能：适用于对车载高压锂离子蓄电池系统进行充电。
2）直流充电机具备 CAN 总线接口，用于和蓄电池管理系统通信，在设置为 BMS 充电方式时，充电系统根据蓄电池管理系统的控制命令实时调整充电电压、电流，且当蓄电池管理系统发出停止或异常信息后能自动停止充电。
3）支持两种充电方式：BMS 充电方式和手动充电方式。BMS 充电方式支持《电动汽车非车载传导式充电机与电池管理系统之间的通信协议》（GB/T 27930—2015）或用户定制协议。手动充电方式可以通过触摸屏设置输出电压、电流，适用于没有 CAN 通信的场合。
4）设备具备输入欠电压、输入过电压、输出短路、输出过电压、输出过电流、蓄电池反接、绝缘检测、通信故障等的保护功能。外部装有运行指示灯，能够实时显示充电系统状态。

图 1-1-15　IP 防护等级

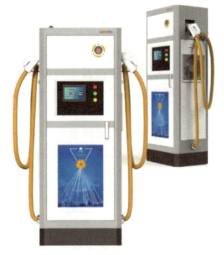

图 1-1-16　星星充电 DH-DC0600SG2X40-60kW 充电柜

5）配置有高压直流国标充电枪，能够有效地保证充电安全。

6）配置真彩触摸屏作为人机操作界面，如图 1-1-17 所示，同时可使用星星充电手机客户端扫描二维码进行充电。

图 1-1-17　充电柜刷卡充电

7）具有开放、可共享的数据服务平台和管理平台（云平台）。

8）充电系统能够确保室外环境正常使用，防护级别为 IP54。

（2）产品技术指标

1）工作电压：三相五线 AC 380V±15%。

2）输出电流误差：≤±1%；电流<30A，误差≤±0.3A。

3）输出电压误差：≤±0.5%。

4）功率因数：≥0.99。

5）总谐波电流：≤5%（额定条件下，100%负载）。

6）满载最大效率：95%。

7）防护等级：IP54。

8）工作环境温度：-30～55℃。

9）保护特性：输入过、欠电压保护，输出过、欠电压保护，短路保护，过温保护，过电流保护，蓄电池反接保护。

三、充电接口国家标准

(一) 交流充电插头和插座国家标准

1. 交流充电接口

交流充电可以分为单相交流充电和三相交流充电两种,其充电接口相同。单相交流充电主要应用在家庭用户充电设备和一些标准的公共充电设备,其充电接口比较简单,一般插头为3个引脚,分别为交流相线、交流零线和接地线。其充电插座和充电电路分别如图1-1-18a和图1-1-18b所示。它与传统的电源插座类似,只是形体和额定的电流较大。应用单相交流充电时,根据国家标准其电流不能超过32A、电压不能超过250V,不能直接使用插座与充电接口连接,需要增加车载保护装置。

a) 单相交流充电插座

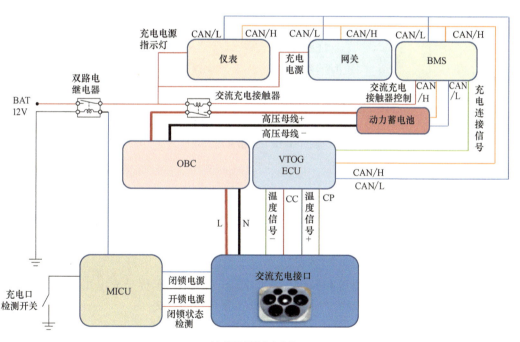

b) 单相交流充电电路

图 1-1-18 单相交流充电

三相交流充电接口一般用于较大的充电站,这种接口的充电电流较大,外形相对较大,功能复杂。由于这类插头较大,设计的形状类似于枪,所以一般称为充电枪,其充电插座和充电电路分别如图1-1-19a和图1-1-19b所示。采用单相供电时,电流不大于32A;采用三相供电时,电流不大于63A,充电电压为250~440V。

a) 三相交流充电插座

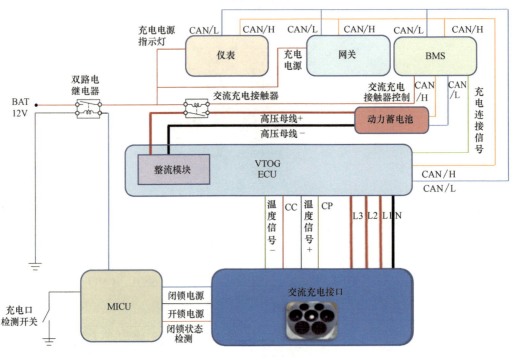

b) 三相交流充电电路

图 1-1-19　三相交流充电

交流充电接口
电气标准认知

交流充电插头
电气标准认知

2. 交流充电接口端子含义

交流充电接口一般采用的是 7 个端子结构，其端子如图 1-1-20 所示。

图 1-1-20 中，CC 为充电连接确认端子，CP 为充电控制确认端子，PE 为保护接地线，L1、L2、L3 为三相线，N 为中性线。单相交流充电接口引脚功能定义见表 1-1-1。

3. 触点电气参数额定值

交流充电接口触点的额定电压和额定电流应符合《电动汽车传导充电用连接装置　第 2 部分：交流充电接口》（GB/T 20234.2—2015）的规定，见表 1-1-2。

表 1-1-1　单相交流充电接口引脚功能定义

触点编号/功能	功能定义	触点编号/功能	功能定义
1/交流电源（L1）	交流电源	5/保护接地（PE）	连接供电设备和车辆底盘地线
2/交流电源（L2）	备用触点		
3/交流电源（L3）	备用触点	6/连接确认（CC）	充电连接确认
4/中线（N）	中性线	7/控制确认（CP）	充电控制确认

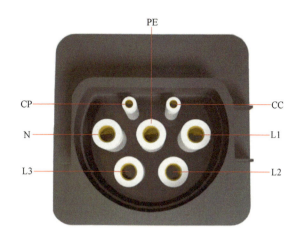

图 1-1-20 交流充电接口端子

表 1-1-2 交流充电接口引脚标准表

触点标示	额定电压和电流	
	单相	三相
L1	250V 10A/16A/32A	440V 16A/32A/63A
L2		440V 16A/32A/63A
L3		440V 16A/32A/63A
N	250V 10A/16A/32A	440V 16A/32A/63A
PE		
CP	0~30V 2A	0~30V 2A
CC	0~30V 2A	0~30V 2A

（二）直流充电插头和插座国家标准

1. 直流充电接口

直流充电接口端子如图 1-1-21 所示，其中 CC1 和 CC2 都是充电连接确认引脚；A+ 和 A- 为低压 12V 辅助电源，车辆很少采用它来供电，但可能用它来做唤醒用。

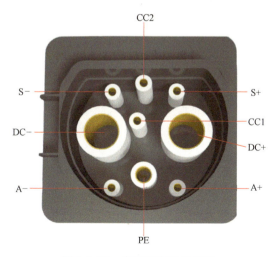

图 1-1-21 直流充电接口端子

直流充电接口端子功能定义见表 1-1-3。

表 1-1-3 直流充电接口端子功能定义表

触点编号/功能	功能定义
1/直流电源正(DC+)	连接直流电源正与动力蓄电池正极
2/直流电源负(DC-)	连接直流电源正与动力蓄电池负极
3/保护接地(PE)	连接供电设备地线与车辆车身接地
4/充电通信 CAN-H(S+)	连接非车载充电机与电动汽车的通信线
5/充电通信 CAN-L(S-)	连接非车载充电机与电动汽车的通信线
6/连接确认(CC1)	充电连接确认 1
7/连接确认(CC2)	充电连接确认 2
8/低压辅助电源正(A+)	连接非车载充电机与电动汽车提供低压辅助电源正
9/低压辅助电源负(A-)	连接非车载充电机与电动汽车提供低压辅助电源负

注意事项：快充接口盖上有高压警示标识，禁止随意触碰。部件各端子定义中的针脚标号如 S+、S-、A+、A- 等在线束和插件上都有标注。

2. 触点电气参数额定值

直流充电接口触点的额定电压和额定电流应符合《电动汽车传导充电用连接装置 第 3 部分：直流充电接口》（GB/T 20234.3—2015）的规定，见表 1-1-4。

表 1-1-4 直流充电接口触点电气参数表

触点标示	额定电压和额定电流
DC+	750V/1000V　80A/125A/200A/250A
DC-	750V/1000V　80A/125A/200A/250A
PE	—
S+	0~30V　2A
S-	0~30V　2A
CC1	0~30V　2A
CC2	0~30V　2A
A+	0~30V　20A
A-	0~30V　20A

直流充电接口电气标准认知

直流充电插头电气标准认知

拓展延伸

电动汽车传导充电连接装置国家标准正式启动修订

2021 年 12 月 31 日，国家标准化管理委员会正式下达工业和信息化部提出、全国汽车标准化技术委员会归口的《电动汽车传导充电用连接装置 第 1 部分：通用要求》推荐性国家标准修订计划。

电动汽车传导充电连接装置是保障电动汽车和充电设施互联互通的基础部件。随着新能源汽车续驶里程增加、动力蓄电池大倍率充电技术提升，消费者对车辆快速补充电能的需求日益强烈，"大功率充电""V2G（车辆到电网）"等新技术、新业态不断涌现。本次标准修订将在我国现行直流充电接口技术方案基础上，进一步提高充电电流、电压，优化完善控制导引电路、通信协议，拓展敏捷控制、即插即充、预约充电等功能，满足大功率充电技术发展和市场需求，有效保障新老充电接口通用兼容，为新能源汽车产业高质量发展创造良好环境。

学习任务二 新能源汽车充电操作

 任务描述

小王最近购买了一辆吉利帝豪 EV450 纯电动汽车，今天一早去开车的时候发现动力蓄电池电量快要耗尽了，而附近又没有专用的充电站，于是就准备在车库用家用随车充电枪充电。如果你是小王，你知道怎么对车辆进行充电吗？

 学习目标

1）能正确地利用直流充电柜对车辆进行直流充电。
2）能正确地利用交流充电桩对车辆进行交流充电。
3）能正确地利用挂壁式交流充电盒对车辆进行交流充电。
4）能正确地利用随车充电枪对车辆进行交流充电。
5）培养学生的工匠精神，能够用发展的眼光服务社会。

 相关知识

新能源汽车充电系统是纯电动汽车主要的能量补给系统，它可以将交流或直流电网（电源）调整为校准的电压/电流，为电动汽车动力蓄电池提供电能。它主要分为交流充电系统和直流充电系统两大类。

一、直流充电系统

新能源汽车直流充电系统是为车辆动力蓄电池提供直流电源的充电系统，一般是通过充电站的直流充电柜直接给动力蓄电池充入直流高压电。

（一）直流充电柜认知

1. 直流充电柜的结构

直流充电柜的输入电压为 AC 380V（±15%），频率为 50Hz，输出可调的直流电，可以不经过车载充电器直接为电动汽车的动力蓄电池充电。直流充电柜采用三相四线制供电，可以提供足够大的功率，输出的电压和电流调整范围大，因此可以实现快充。直流充电柜的外部主要有急停开关、充电状态指示灯、充电开关旋钮、充电枪和进线电缆等部件，如图1-2-1所示；内部主要由熔断器、主继电器、断路器、充电器控制板通信模块、防雷模块、辅助电源和充电模块组成，如图1-2-2所示。

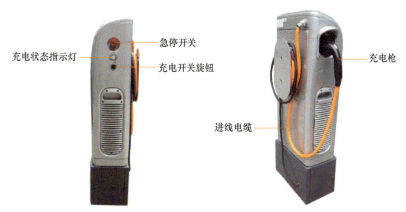

图 1-2-1 直流充电柜外部结构

常规充电方式操作步骤

快速充电方式操作步骤

常规充电方式和快速充电方式的充电依据是什么？

直流充电柜认知

（1）急停开关　当发生紧急情况的时候，快速按下此按钮切断电路，起到保护的作用。

（2）充电状态指示灯　充电状态指示灯起提示作用，一般有3种状态，黄灯表示待机中，绿灯表示正在充电中，红灯表示故障。

（3）充电开关旋钮　用于控制充电的启动与停止。

（4）充电枪　充电桩连接车辆的插接器。

（5）进线电缆　用于连接电网的电缆。

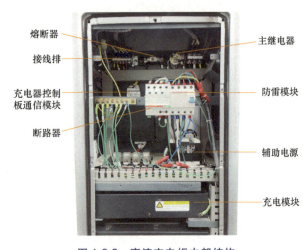

图 1-2-2　直流充电柜内部结构

（6）熔断器　当充电桩工作中电流超过规定值时，以本身产生的热量使熔体熔断，断开电路，起保护作用。

（7）主继电器　控制充电电路的闭合与断开。

（8）充电器控制板通信模块　充电桩主要控制及通信单元。

（9）断路器　高压交流输入的第一级开关，可以切断和接通负荷电路，起安全保护作用。

（10）防雷模块　泄放因雷击或者其他原因产生的过量电能，避免损坏设备。

（11）辅助电源　为主控器及 BMS 模块提供电源。

（12）充电模块　给车辆提供实际充电电流和充电电压。

2. 直流充电柜的工作原理

直流充电柜电气结构图如图 1-2-3 所示，三相 380V 交流电经过 EMC 等防雷、滤波模块后进

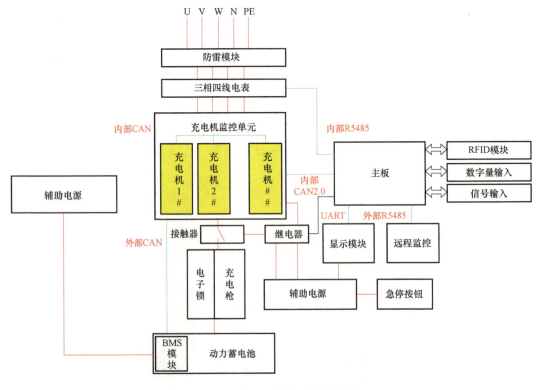

图 1-2-3　直流充电柜电气结构图

入到三相四线制电表中,三相四线制电表监控整个充电机工作时的实际充电电量。充电柜主板接收用户实际充电要求控制继电器吸合接触器,充电机输出电流经过充电枪直接给动力蓄电池进行充电。同时,在显示模块上面显示车辆充电信息提醒用户,若出现紧急情况则可通过急停按钮紧急切断充电电路,进行保护。辅助电源的主要作用是在直流充电柜工作时,给主控单元、显示模块、保护控制单元、信号采集单元及刷卡模块等控制系统进行供电。另外,在动力蓄电池充电过程中,辅助电源给BMS模块供电,由BMS模块实时监控动力蓄电池的状态。

3. 直流充电柜的铭牌

根据国家电力行业标准《电力系统直流电源柜订货技术条件》(DL/T 459—2000)中的要求,直流充电柜在出厂时必须有铭牌且必须在充电柜的明显位置,铭牌上应标明各种参数,如图1-2-4所示。

1)设备:电动汽车直流充电柜(室外)。

2)型号:WMZ750160Y2-V212。

3)输入电压:AC380V±20%的三相交流电压。

4)输出电压:DC750V直流电压。

5)输出电流:160A。

6)出厂编号:Z2010028。

7)出厂日期:2020.01.10。

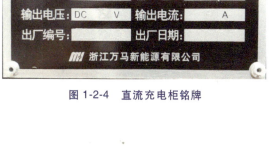

图1-2-4　直流充电柜铭牌

4. 直流充电柜的应用

直流充电也称为快速充电,其充电方式主要是通过地面充电装置(直流充电柜)将交流电网电能(380V)转化为直流电后通过充电插接器对电动汽车动力蓄电池组进行充电。

直流充电是以直流电形式将电能通过专用直流充电接口直接储存到动力蓄电池内,因此不经过车载充电机,充电速度较快。直流充电适用于在短时间内给电动汽车充入大量电能,主要针对长距离旅行或需要进行快速补充电能的情况进行充电,其一般的充电时间是10~30min,直流充电电压为400V或750V,电流为125A或250A。由于充电功率较大,故这种充电方式对电网负荷有较高要求,对动力蓄电池的使用寿命也有影响。

因此,直流充电柜可用于城市专用充电站(公交车、出租车、公务车、环卫车、物流车等)、城市公共充电站(私家车、通勤车、大巴车)及高速公路充电站等需要快速充电的场所,如图1-2-5、图1-2-6所示。

图1-2-5　城市专用充电站　　　　　　　　图1-2-6　公共直流充电柜

（二）直流充电柜充电

1. **直流充电柜的充电操作步骤**（表1-2-1）

表1-2-1　直流充电柜的充电操作步骤

操作步骤	操作方法	
步骤1	将车辆驶入充电位停好，将电源档位置于"OFF"档	
步骤2	打开直流充电接口盖	
步骤3	按下锁止按钮，取出充电插头	
步骤4	把充电枪插入充电接口，听到"咔"的响声，代表卡扣已经卡到卡槽中，确认已连接完成	
步骤5	查看组合仪表充电指示灯是否点亮	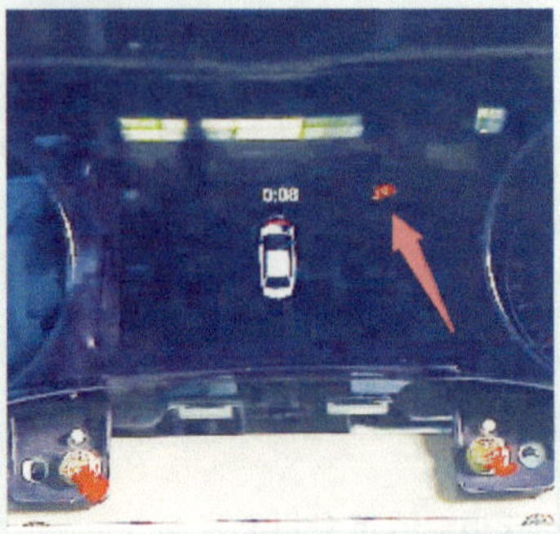

（续）

操作步骤	操作方法	
步骤6	把充电柜上的开关旋钮置于ON档,充电柜上的充电指示灯显示绿色,即可启动充电	把充电柜上的开关旋钮置于ON档,充电柜上的充电指示灯亮(绿色)
步骤7	充电过程中,组合仪表显示相关的充电参数及画面	
步骤8	当充满电时,充电柜会自动停止充电,充电柜上的充电指示灯熄灭	把充电柜上的开关旋钮置于OFF档,充电柜上的充电指示灯熄灭
步骤9	按下充电插头的锁止按钮,拔出充电插头	

(续)

操作步骤	操作方法	
步骤10	将充电插头插回直流充电柜	
步骤11	合上直流充电插座的保护盖	

2. 充电操作时的注意事项

为了避免对充电设备造成破坏，在使用直流充电柜充电时应注意：

1）不要在充电接口盖打开的状态下关闭充电接口舱门。
2）不要用力拉或者扭转充电电缆。
3）不要使充电设备承受撞击。
4）不要在温度高于50℃的环境下存放或者使用充电设备。
5）不要把充电设备放在靠近加热器或其他热源的地方。
6）充电时，电源档位需处于"OFF"档，电源档位处于"OK"档电时禁止充电。
7）停止充电时，应先将充电柜关闭，再断开充电插接器。
8）如果车辆长时间不使用，为了延长动力蓄电池的使用寿命，建议每3个月充电1次。

特别提醒：

直流充电插头上配置着一个锁止开关，作用是固定插头与插座的连接，当要从直流充电柜上取下和从车辆直流充电插座上取下插头时，都需要按下插头上的锁止按钮。

二、交流充电系统

电动汽车上的交流充电系统主要是为电动汽车车载充电机提供交流电电源的充电系统，一般通过交流充电桩、挂壁式充电盒（三相/单相）或家用供电插座接入交流电，再利用车载充电机将交流电转为直流高压电给动力蓄电池进行充电。

（一）交流充电桩充电介绍

1. 交流充电桩的结构

交流充电桩是固定安装在电动汽车外、与交流电网连接，为电动汽车车载充电机（即固定安装在电动汽车上的充电机）提供交流电源的供电装置。交流充电桩的外部结构主要由LED灯板、触摸显示屏、IC卡读写器、充电插头等组成，如图1-2-7所示。

使用直流充电柜出现危险时的紧急停机方法

交流充电桩的内部结构主要由辅助电源、主控模块、辅助继电器模块、急停开关、接线排、单相断路器、防雷器模块、智能电表和交流接触器等部件组成，如图1-2-8所示。

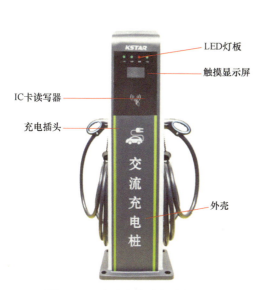

图1-2-7 交流充电桩的外部结构

图1-2-8 交流充电桩内部结构

1）LED灯板：显示系统的自检情况，有电源指示灯、连接指示灯、充电指示灯、故障指示灯和通信指示灯。

2）触摸显示屏：把用户的操作指令和参数配置指令传递给主控模块，并将充电过程实时状态信息呈现在显示屏上。

3）IC卡读卡器：IC卡读卡器以无线的形式读取用户的刷卡信息，并将信息传递给主控模块，用于充电控制。

4）辅助电源：为主控模块及继电器提供电源。

5）主控模块：充电设备的主要控制单元。

6）辅助继电器模块：与主控模块通信，完成主控模块的指示命令。

7）接线排：用于连接电网与充电桩，分为N端、L端和PE端。

8）单相断路器：高压交流输入的第一级开关，可以切断和接通负荷电路，起安全保护作用。

9）防雷器模块：泄放因雷击或者其他原因产生的过量电能，避免损坏设备。

10）智能电表：实时监测输入的交流电压和电流。

11）交流接触器：用于监控交流充电枪的通电。

12）门禁开关：监测充电桩框门开闭状态，传递信息给主控模块。

13）急停开关：当发生紧急情况的时候，快速按下此按钮切断电路，起到保护的作用。

14）充电枪：充电设备连接负载的插接器。

2. 交流充电桩的工作原理

交流充电桩电气系统结构如图1-2-9所示。交流充电桩只提供电力输出，没有充电功能，需连接车载充电机才能为电动汽车动力蓄电池充电。当用户插上充电枪并刷卡后，充电桩智能控制模块把充电卡的余额等信息通过显示模块显示出来。用户通过输入模块输入充电参数，确认充电，充电桩智能控制模块控制内部继电器吸合，交流电从插座输出给车载充电机。

3. 交流充电桩的充电步骤

1）车辆驶入充电位停好，将电源档位置于"OFF"档。

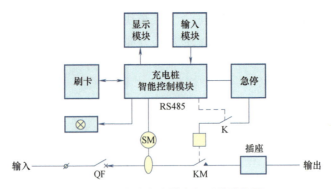

图 1-2-9 交流充电桩电气系统结构图

2) 打开交流充电插座的舱盖和保护盖。
3) 按下充电插头上的锁止按钮,将交流充电桩的充电插头取出。
4) 把充电插头和充电插座对齐,插入车辆交流充电插座。
5) 查看组合仪表充电指示灯是否亮。
6) 按照充电设备指导步骤启动充电。
7) 充电过程中,组合仪表显示相关的充电参数及画面。
8) 通过充电设备设置或电量已充满时结束充电。
9) 按下充电插头的锁止按钮,拔出充电插头,将其归回交流充电桩。
10) 合上交流充电插座的保护盖和舱盖。
11) 交流充电过程结束。

(二)挂壁式交流充电盒充电介绍

1. 壁挂式三相交流充电盒

壁挂式三相交流充电盒由触摸显示屏、充电指示灯、急停开关、IC卡读写器、充电插座、充电插头和外壳等组成,如图1-2-10所示。

常温(23℃)下三相交流充电时,动力蓄电池充电电量(SOC)从10%到100%所需时间约为1h,充电性能参数:输入电压为AC 380V、50Hz,充电时间为1h。

2. 壁挂式单相交流充电盒

壁挂式单相交流充电盒由充电指示灯、急停开关、充电插座、充电插头、启停按钮和外壳等组成,如图1-2-11所示。

> 课堂笔记
> 问题:
> 壁挂式单相和三相交流充电盒的区别?

壁挂式单相和三相交流充电盒的区别

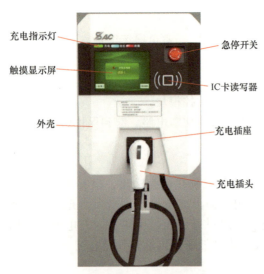

图 1-2-10 壁挂式三相交流充电盒的结构

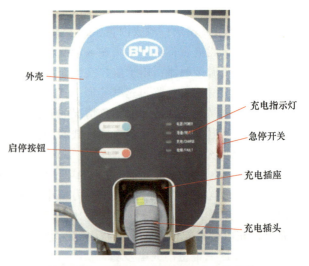

图 1-2-11 壁挂式单相交流充电盒的结构

常温（23℃）下单相交流充电时，动力蓄电池充电电量（SOC）从 10% 到 100% 所需时间约为 6h，充电性能参数：输入电压为 AC 220V、50Hz，充电时间为 6h。

3. 壁挂式交流充电盒充电操作步骤

壁挂式三相交流充电盒与单相交流充电盒的充电操作步骤基本相同。本书以比亚迪 E5 电动汽车壁挂式单相交流充电盒的充电为例讲解壁挂式交流充电盒充电主要操作步骤（表 1-2-2）。

壁挂式单相交流充电盒充电步骤

表 1-2-2　壁挂式单相交流充电盒即时充电操作步骤

操作步骤	操作方法	图片
步骤 1	将车辆驶入充电位停好，将电源档位置于"OFF"档	
步骤 2	将打开车辆交流充电插座的舱盖和保护盖	
步骤 3	按下锁止按钮，取出充电插头	
步骤 4	把充电插头对齐充电插座，插入车辆交流充电插座	

(续)

操作步骤	操作方法	图片
步骤5	查看组合仪表充电指示灯是否亮	
步骤6	当家用充电机上的准备指示灯亮时,按下启动按钮,同时充电指示灯闪烁	
步骤7	充电过程中,组合仪表显示相关的充电参数及画面	
步骤8	按下停止按钮或电量已充满,结束充电	

(续)

操作步骤	操作方法	图片
步骤9	按下充电插头的锁止按钮,拔出充电插头	
步骤10	将充电插头插回交流充电盒	
步骤11	合上交流充电插座的保护盖和舱盖	

(三) 家用随车充电枪充电介绍

目前电动汽车充电最简单、方便的方法是使用家用便携式随车充电枪充电。使用家用便携式随车充电枪可以直接利用220V家用电源对车辆进行充电。家用便携式随车充电枪主要由充电插头、充电主控器、三脚充电插头等组成,如图1-2-12所示。

常温(23℃)下比亚迪E5电动汽车用家用充电设备(三芯转七芯)交流充电时,动力蓄电池充电电量(SOC)从10%到100%所需时间约为13h,充电性能参数:输入电压为AC220V、50Hz,充电时间为13h。

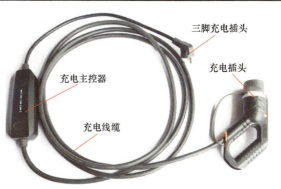

图 1-2-12 家用便携式随车充电枪的结构

项目二　新能源汽车充电方式及原理认知

新能源汽车的充电方式对动力蓄电池的充电效率有很大的影响。通过本项目的学习，学生应能准确讲述常用动力蓄电池充电方法、新能源汽车常见充电方式、充电注意事项及安全警告；能够根据具体新能源汽车车型识别其充电系统组成、功能及工作原理。

学习任务一　新能源汽车充电方式认知

任务描述

技术人员小王今天一早接到领导的任务，要求他培训公司刚招聘的新能源汽车维修工学徒，培训内容之一就是新能源汽车充电方式的认知。他应该准备哪些培训内容呢？

充电系统的框图

充电系统的路径分析：
_____
_____
_____

学习目标

1）能准确地讲述蓄电池的充电方法。
2）熟悉新能源汽车的充电方式。
3）能准确讲述新能源汽车充电的注意事项及安全警告。
4）能选择正确的充电方法为电动汽车充电。
5）培养学生爱岗敬业与团队协作的精神、为客户提供专业服务的意识。

一、蓄电池的充电方法

对蓄电池进行充电时，除了需考虑提高充电效率、缩短充电时间外，还需从维护蓄电池、延长其使用寿命等方面进行综合考虑。合理的充电方法不应为缩短充电时间而不考虑蓄电池的性能及其效率。

蓄电池的充电方法通常有恒流充电、恒压充电和脉冲充电3种方法。可根据具体情况选择其中一种或几种组合的方法来进行充电。现代智能型充电器应可设置多种不同的充电方法。

（一）恒流充电

恒流充电是指充电过程中使充电电流保持不变的方法，要求采用小电流、长时间的充电模式，如图2-1-1所示。

恒流充电的优点是较适合于由多个单体蓄电池串联的动力蓄电池组，有利于恢复其中个别衰退较快的单体蓄电池的容量，因此也是一种长时间地进行活化充电的方法，容易将动力蓄电池完全充足，有益于延长动力蓄电池的使用寿命。

恒流充电的缺点是充电时间长，充电开始阶段对蓄电池可接受充电电流来说太小，而到充电后期，随着蓄电池趋于饱和，会析出较多的气体。因此当单体蓄电池的电压上升到一定值（如铅酸蓄电池为 2.4V）后，应将电流减半再充。为此，对日常充电来说，应将恒流充电改进为"分阶段恒流充电"或"递减电流充电"，使充电电流在充电后期逐渐减小，以适应蓄电池的充电特性。恒流充电是一种标准的充电方法，有如下 4 种充电方法。

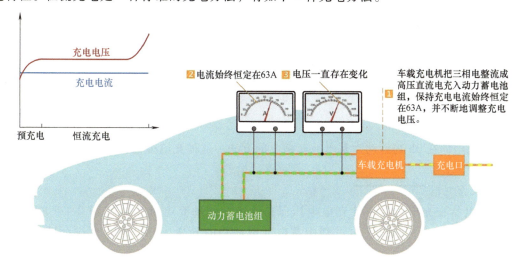

图 2-1-1　恒流充电

1. 涓流充电

涓流充电可用来弥补动力蓄电池在充满电后由于自放电而造成的容量损失；一般采用脉冲电流充电来实现上述目的。为补偿动力蓄电池包自放电，可使动力蓄电池保持在近似完全充电状态的连续小电流充电，确保动力蓄电池真正饱和，延长动力蓄电池的使用寿命。涓流充电过程就是先对完全放电的动力蓄电池进行预充（恢复性充电），在单体蓄电池电压低于 3V 左右时采用涓流充电，到动力蓄电池电压高于 3V 后进行下一充电阶段，如图 2-1-2 所示。

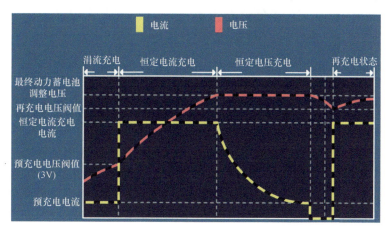

图 2-1-2　涓流充电

涓流充电原理

2. 最小电流充电

最小电流充电是指在能使深度放电的动力蓄电池有效地恢复容量的前提下，把充电电流尽可能地调整到最小的方法，如图 2-1-3 所示。

3. 标准充电

标准充电指采用标准速率给动力蓄电池补充电量的过程，充电时间一般为 14h 左右。

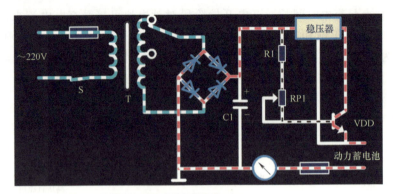

图 2-1-3　最小电流充电

4. 高速率充电

高速率充电即在 3h 内给动力蓄电池充满电的方法。这种充电方法需要自动控制电路保护动力蓄电池不损坏。

（二）恒压充电

恒压充电指在充电过程中使充电电压保持为恒定值的充电方法，如图 2-1-4 所示。在充电初期充电电流较大，随着充电进程中蓄电池电动势的升高，充电电流会逐渐减小。

恒压充电过程认知

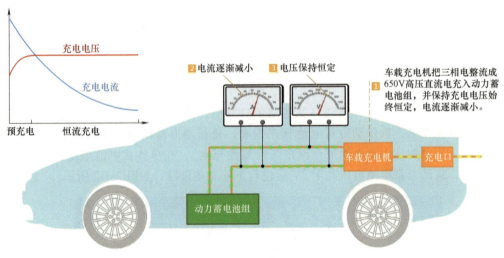

图 2-1-4　恒压充电

恒压充电的优点是充电时间较短，充电过程无需调节电压或电流，即控制较简单，较适合于补充充电。

恒压充电的缺点是不容易将动力蓄电池完全充满，充电最初期的大电流对极板会有不利影响，特别是当蓄电池放电深度过深时，初始的充电电流会很大，如此不仅会降低蓄电池的使用寿命，还会损坏充电器。弥补恒压充电缺点的方法是采用"恒压限流"，最简单的方法是在充电输出至蓄电池之间串联一个"限流"电阻。当电流过大时，限流电阻上的电压降也大，从而降低了输入到蓄电池的充电电压。当电流小时，限流电阻的压降亦小，充电电压随之提高，即起到了自动调节充电电流的作用。其缺点是增加了一定的功耗。

（三）脉冲充电

脉冲充电即采用脉冲电流来对动力蓄电池充电，是一种快速充电法。其特点是先用脉冲电流对动力蓄电池充电，然后让动力蓄电池短时间大脉冲放电，整个充电过程是通过对动力蓄电池的反复充、放电来完成的。具体的充、放电过程分为 4 步：第 1 步，用脉宽约为 1s 的大电流对动力蓄电池充电；第 2 步，暂停 2~30ms；第 3 步，进行尖脉冲放电，放电脉宽为 0.1~5ms，幅值为 1~3 倍的充电（反向）电流，以消除电化学极化的电荷积累和极板空隙中形成的气体，并进一步消除浓差极化；第 4 步，暂停 10~30ms。第 4 步后进入第 1 步的正脉冲充电，如此周而复始地进行，直至充电结束。

脉冲充电的优点是可极大地缩短充电时间，有利于消除动力蓄电池的记忆效应和恢复极板原来的晶体结构。脉冲充电的缺点是不能将动力蓄电池完全充足电，而且对完好动力蓄电池的使用寿命会有不利的影响。

二、新能源汽车的充电方式

目前，新能源汽车的充电方式有交流充电（慢充）、直流充电（快充）、更换动力蓄电池、无线充电和移动式充电。

1. 交流充电

交流充电是电动汽车目前最常用的充电方式，即慢充。交流充电是将 220V 交流电接入车载充电机，经其转换后输出直流电，对动力蓄电池进行充电的方式。交流充电需要在新能源汽车上装配车载充电机，将地面交流电网能量转换为直流电对动力蓄电池进行充电。

（1）交流充电的常见形式　其常见的形式有两种：一种是用家用便携式随车充电枪（图 2-1-5）充电，另一种是用交流充电桩充电。家用便携式充电枪一般功率较小，电流控制在 16A 以下。

电动汽车使用单相 220V 电压进行充电时，交流充电桩输入电流一般最大为 32A，只需将充电插接器的插头插到交流充电桩或家中的交流电源插座上，即可进行充电，对电网负荷要求般较低，可由客户自己独立完成。比亚迪 E5 电动汽车使用交流充电桩充电时间约为 6h。其充电过程如图 2-1-6 所示。

（2）交流充电系统的组成与工作原理　交流充电系统主要由交流充电接口、车载充电机、充电桩等部件组成。

图 2-1-5　家用便携式随车充电枪

交流充电过程

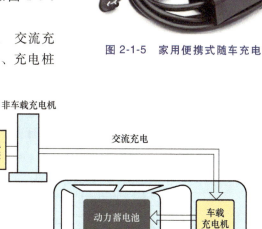

图 2-1-6　交流充电桩充电过程

交流充电过程：用户将充电枪（车辆自带或者充电桩上）插入交流充电接口进行匹配，匹配成功后，车载充电机开始工作，首先车辆通过低压唤醒整车控制系统，蓄电池管理系统检测高压蓄电池组电量判断是否需要进行充电，检测完毕后，将充电指令发送给车载充电机并闭合高压蓄电池组的继电器开始充电。车载充电机把外界的 220V 交流电转换为直流电直接存储到动力蓄电池组中，如图 2-1-7 所示。

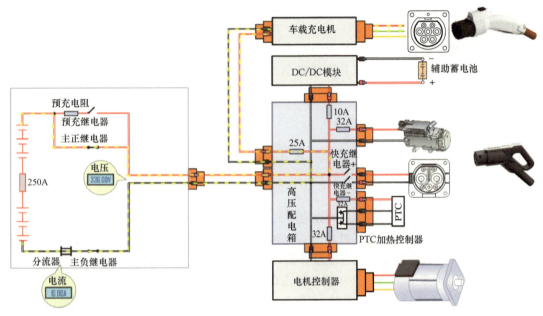

图 2-1-7　交流充电原理

（3）交流充电的特点　交流充电的适用情况：用户对汽车的行驶里程要求相对较低，车辆行驶里程能满足用户 1 天使用需要，利用晚间停运时间可以完成充电；由于常规交流充电电流和充电功率比较小，因此在居民区、停车场和公共充电站都可以进行充电；规模较大的集中充电站，能够同时为多辆电动乘用车提供停车场地并进行充电。

交流充电的优点：尽管充电时间较长，但因为所用功率和电流的额定值并不大，因此充电器和安装成本比较低，可安装在车库内使用；可充分利用电力低谷时段进行充电，降低充电成本；可提高充电效率和延长动力蓄电池的使用寿命。

2. 直流充电

直流充电又称快充或应急充电，一般充电电流为 150~400A。直流充电不同于常规充电所采用的恒流、恒压充电方式。该充电方式以大电流对蓄电池进行恒流充电，力求在短时间内充入较多的电能，因此直流充电主要应用于大型充电站。

（1）直流充电的应用　直流充电主要通过地面充电装置（直流充电桩）将交流电网电能（380V）转化为直流电后直接对动力蓄电池组进行充电。其充电过程如图 2-1-8 所示。

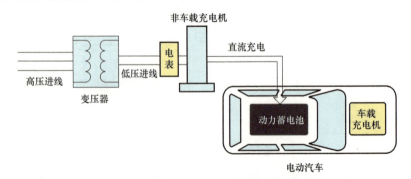

图 2-1-8　直流充电过程

直流充电方式是以直流电形式将电能通过专用直流充电接口直接储存到动力蓄电池内，因此不经过车载充电机，充电速度较快。直流充电适用于在短时间内给汽车充入大量电能，主要针对长距离旅行或需要进行快速补充电能的情况进行充电。例如，比亚迪 e5 电动汽车直流充电时间约为 1h，充电功率达到 40kW。由于充电功率较大，故这种充电方式对电网负荷有较高要求，对动力蓄电池的使用寿命也有所影响。

（2）直流充电系统的组成与功能　直流充电系统由输入整流装置、输入控制装置、输出控制装置和充电管理装置组成，如图 2-1-9 所示。

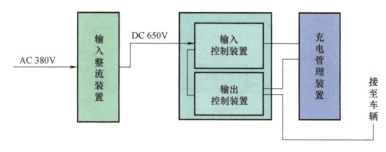

图 2-1-9　直流充电系统组成框图

其工作过程如下：

PWM 整流装置对输入的三相交流电进行整流、滤波后，形成稳定的直流母线电压（例如 650V）提供给输出控制装置，为输出控制装置提供动力电源。

输入控制装置对直流电能计量并控制直流供电系统，输出控制装置与充电管理装置通信，输出动力蓄电池所需电压、电流。

用户通过充电管理装置进行人机交互，实现身份识别、费用收取、票据打印、数据管理、控制充电电量等。用户一般有多种充电功率可供选择，如图 2-1-10 所示。

图 2-1-10　直流充电桩充电功率选择

3. 更换动力蓄电池

通过直接更换电动汽车的动力蓄电池组来达到充电的目的。由于动力蓄电池组重量较大，更换动力蓄电池的专业化要求较高，须配备专业人员并借助专业机械来快速完成动力蓄电池的更换、充电和维护，如图 2-1-11 所示。

动力蓄电池组快速更换的优点：解决了充电时间长、续驶里程短的难题；提高了车辆的使用效率，方便用户的使用；更换下来的动力蓄电池可以在低谷时段进行充电，降低了充电成本，提高了车辆运行的经济性；便于动力蓄电池的维护、管理，提高了动力蓄电池的使用寿命；有利于废旧动力蓄电池的集中回收和再利用。

图 2-1-11　更换动力蓄电池

动力蓄电池组快速更换的缺点：建设换电站和购买备用动力蓄电池组成本较高，对于动力蓄电池与电动汽车的标准化、电动汽车的设计改进、充电站的建设和管理以及动力蓄电池的流通管理等有严格的要求。

4. 无线充电

无线充电技术允许电动汽车在不使用导线或电缆的情况下自动连入电网进行充电。按充电原理划分,目前无线充电方式共有3种:电磁感应式充电、磁场共振式充电和无线电波式充电。

(1)电磁感应式充电　电磁感应是一次线圈接入一定频率的交流电,通过电磁感应在二次线圈中产生一定的电流,从而将能量从传输端转移到接收端,完成无线充电,如图2-1-12所示。

图2-1-12　电磁感应式充电

电磁感应式充电的工作原理是给发射线圈通以一定频率的交流电,变化的电场从而产生变化的磁场,再通过电磁感应在接收线圈中产生一定的电流,将能量从传输端转移到接收端。电磁感应式充电属于短程传输,由于受供电端和受电端距离的约束,传输距离上限仅10cm左右,但电磁感应传输功率大、能量转换率高(其效率一般为90%以上),能量能达到几百千瓦。

(2)无线电波式充电　无线电能传输(WPT)是借助电磁场或电磁波进行能量传递的一种技术,最常用的载体是耦合的电磁场。无线电波式充电是将变压器一次线圈、二次线圈分置于车外和车内,通过高频磁场的耦合传输电能,如图2-1-13所示。

(3)磁场共振式充电　当两个装置调整到相同频率,或者在一个特定的频率上共振,它们就可以交换彼此的能量。磁场共振式充电利用磁场共振在充电器与设备之间的空气中传输电荷,线圈和电容器在充电器与设备之间形成共振,实现电能高效传输。

5. 移动式充电

对电动汽车的动力蓄电池组而言,最理想的充电方式是汽车在路上行驶时的充电,即所谓的移动式充电(MAC)。这样,电动汽车用户就不必去寻找充电站、花费时间停车充电了。MAC系统埋设在指定路面之下,做成专用的电动汽车充电区域(专用充电车道),不需要额外的空间,如图2-1-14所示。移动式充电方式分为接触式和感应式两种。

图2-1-13　无线电波式充电示意图

图2-1-14　移动式充电示意图

(1)接触式:对于接触式的MAC系统,需要在车体的底部装一个接触拱,通过与嵌在路面上的充电元件相接触,接触拱便可获得瞬时高电流。当电动汽车巡航通过移动式充电区时,其充电过程为脉冲充电。

(2)感应式:相较于接触式充电方式,车载式接触拱被感应线圈所取代,嵌在路面上的充电元件被可产生强磁场的高电流绕组所取代，电动汽车可以一边行驶一边充电，如图 2-1-15 所示。

图 2-1-15　移动感应式充电示意图

三、新能源汽车充电时的注意事项

1）当组合仪表中的电量表指针指向表盘中的红色区域时，表示动力蓄电池电量低，应尽快充电。建议用户在电量降至红色区域时及时充电。不建议在电量完全耗尽后再进行充电，否则会影响动力蓄电池的使用寿命。

2）请在动力蓄电池的合理工作范围内对车辆进行充电。交流充电时，当动力蓄电池温度高于 50℃ 或低于 -20℃（或直流充电时，动力蓄电池温度高于 55℃ 或低于 -10℃），车辆将不能正常充电，需做动力蓄电池降温或保温处理。

3）为了避免对充电设备造成破坏，不要在充电插座塑料口盖打开的状态下关闭充电接口盖板，不要用力拉或者扭转充电电缆，不要使充电设备承受撞击，不要把充电设备放在靠近加热器或其他热源的地方。

4）当采用家用充电设备时，如遇到外部电网断电又供电的情况，会自动重新启动充电，无须重新连接充电连接装置。

5）充电时，不建议人员停留在车辆内。

6）充电时，建议将车辆停放在通风处。

7）当动力蓄电池电量充满后，系统会自动停止充电。

8）停止充电时，应先断开交流充电连接装置的车辆插头，再断开电源端供电插头。

9）当环境温度低于 0℃ 时，充电时间比正常时间要长，充电能力较低。

10）动力蓄电池在搁置过程中会发生自放电现象，用户在搁置动力蓄电池时，应确保动力蓄电池是处于半电状态（50%～60%）。建议用户搁置动力蓄电池的时间不要太长，不要超过 3 个月。

11）当车辆需要在短时间内快速补电且有快速充电桩的条件下，可以对车辆进行快速充电。快速充电可以在短时间内将动力蓄电池包进行快速的补电。不建议使用快速充电将动力蓄电池充至满电或频繁地使用快速充电，这可能会对动力蓄电池组的性能造成一定影响。

12）动力蓄电池的可用能量会随着使用时间的延长而逐步衰减。如果动力蓄电池的使用时间已经很长，充满电时动力蓄电池电量不会指示在 100% 附近。

四、新能源汽车充电安全警告

1）应在相对安全的环境下充电（如避免有液体、火源等环境）。

2）不要修改或者拆卸充电设备及相关端口，这样可能导致充电故障，引起火灾。

3）充电前，应确保车辆、供电设备和充电连接装置的充电端口内没有水或外来物，金属端子没有生锈或者腐蚀造成的破坏或者影响。若有这些情况，不允许充电，因为不正常的端子连接可能导致短路或电击，威胁生命安全。

4）如果在充电时发现车里散发出怪味或者有烟产生，应立即停止充电。

5）为了避免造成严重的人身伤害，车辆正在充电时，要有以下预防意识：不要接触充电端口；当有闪电时，不要给车辆充电或触摸车辆。

6）车辆行驶前，应确保充电连接装置从车辆充电接口断开，如果连接充电装置，整车不能正常行驶。

7）雨天情况下，如果没有遮雨棚为防止电路短路不允许进行充电工作。

拓展延伸

无线充电技术是一种为新能能源汽车充电的技术方案，目前主要有电磁感应式（ICPT）、电磁共振式（ERPT）、无线电波式（MPT）、电场耦合式4种基本方式。这几种技术分别适用于近程、中短程与远程电力传送。重庆大学自动化学院自2002年开始研究给汽车充电的"大功率无线电能充电传输装置"。这个装置就是给电动汽车无线充电的，把装置铺在车库地面，当汽车开到上面，就可以进行充电。同理，在公路上铺设这样的供电导轨，汽车也可以边开边充电。目前该项技术已经成熟，但要广泛推广运用，还需要等待电动汽车的普及和技术的产业化。这项技术与现在的充电装置比，价格要略高，但充电快，安全性、灵活性高。

学习任务二　新能源汽车充电原理认知

任务描述

小张购买了一辆吉利帝豪EV450纯电动汽车，非常喜欢，但电动汽车需要经常补充充电，为了更好地防范充电风险，小张特地请教在电动汽车4S店的同学给他讲解电动汽车充电系统的相关知识。如果你是小张的同学，你准备给小张介绍哪些充电系统方面的内容？

学习目标

1）能准确地讲述常见新能源汽车充电系统的组成。
2）能准确地讲述常见新能源汽车充电系统的功能。
3）能准确地讲述常见新能源汽车充电系统的工作原理。
4）提高学生人文素养，培养学生认真学习、不断探索的精神。

相关知识

一、典型车辆充电系统的组成及功能

（一）吉利帝豪EV450电动汽车充电系统的组成

吉利帝豪EV450电动汽车的充电系统由交流充电接口、直流充电接口、车载充电机及分线盒、蓄电池管理器、电机控制器和动力蓄电池组等组成，如图2-2-1所示。

课堂笔记

充电系统电路原理

简述充电系统电路原理

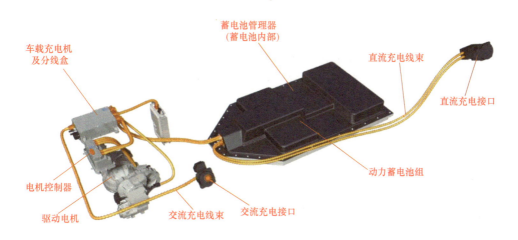

图 2-2-1　吉利帝豪 EV450 电动汽车充电系统的组成

（二）吉利帝豪 EV450 电动汽车充电系统各部件的功能

1. 充电接口

交流充电接口安装在车上左前翼子板上，直流充电接口安装在车身左后侧。充电时，根据选择的充电类型，连接交流充电插头或者直流充电插头到相应的充电插座，连接正确后开始充电。充电接口连接后即形成检测回路，当出现连接故障时，系统可以检测该故障。

2. 充电指示灯

充电指示灯位于车辆充电接口上方，用于指示不同的充电状态。任意电源档位，当中央集控器总成（BCM）收到 BMS 的充电状态信息时，驱动充电指示灯工作，显示充电状态。充电指示灯状态显示定义见表 2-2-1。

充电接口常规检测

表 2-2-1　充电指示灯状态显示定义

颜色	状态	说明
白色	常亮 2min	充电照明
黄色	常亮 2min	充电加热
绿色	闪烁 2min	充电过程
蓝色	常亮 2min	预约充电
绿色	常亮 2min	充电完成
红色	常亮 2min	充电故障
蓝色	闪烁 2min	放电过程

上述显示信号中"正在充电"状态显示为即时显示；"充电完成""充电故障"显示为延时关闭，即收到相应的状态信号时显示相应的状态，15min 后自动熄灭，期间若充电状态变化（如由"充电故障"变为"正在充电"状态）则立即切换为相应的状态。充电指示灯由 BMS 信号提供给 BCM，BCM 控制指示灯状态。充电指示灯控制流程如图 2-2-2 所示。

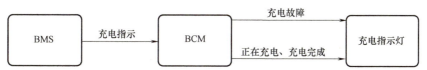

图 2-2-2　充电指示灯控制流程

3. 充电接口照明灯

充电口照明灯为白色光，直接由 BCM 控制。充电接口照明灯控制逻辑如下：

1）当动力蓄电池处于未充电的状态时，充电接口盖打开，BCM 立即驱动充电接口照明灯工作 3min。工作期间，检测到充电枪插入 3s 后停止驱动，或充电接口盖关闭则立即停止驱动充电接口照明灯。

2）当充电接口盖为打开状态，车门状态由关闭变为打开，BCM 立即驱动充电接口照明灯工作 3min。工作期间，当动力蓄电池转变为充电状态 3s 后停止驱动，或充电接口盖关闭则立即停止驱动充电接口照明灯。

3）OFF 档时，当充电接口盖为打开状态，BCM 接收到 PEPS 发送的解锁信息，则立即驱动充电接口照明灯工作 3min。工作期间，如果收到车辆上锁信息或充电接口盖变为关闭状态则立即停止驱动充电接口照明灯。

4）OFF 档时，当充电接口盖为打开状态，BCM 接收到 PEPS 发送的遥控寻车信息，则立即驱动充电接口照明灯工作 3min。工作期间，如果收到车辆上锁信息延迟 3s 后熄灭，或充电接口盖变为关闭状态则立即停止驱动充电接口照明灯。

5）任意情况下，充电接口盖关闭或车速大于 2km/h 即停止驱动充电接口照明灯。

充电接口照明灯控制流程如图 2-2-3 所示。

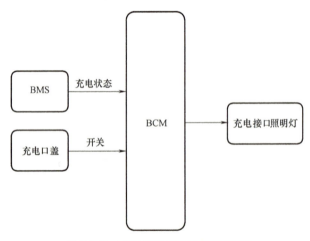

图 2-2-3 充电接口照明灯控制流程

4. 家用随车充电枪

家用随车充电枪随车配备，用于家用随车交流充电（应急充电）。家用随车充电枪由三脚充电插头、充电枪指示灯、充电插头和充电线缆组成，如图 2-2-4 所示。充电枪指示灯可以通过不同的指示灯显示状态反映当前的充电信息。

5. 车载充电机

吉利帝豪 EV450 电动汽车的车载充电机安装在车辆前机舱右侧并集成了分线盒功能，如图 2-2-5 所示。车载充电机集成了车载充电和高压配电系统。车载充电机相关的外部接口主要包括动力蓄电池直流母线接口、交流充电接口和车载充电机低压插接器接口等，如图 2-2-6 所示。车载充电机的总体结构主要由上端盖、上部密封垫、车载充电机主体、下部密封垫和下盖板等组成，车载充电机主体由控制电路、高压连接片、熔断器以及内部冷却管路组成。

二、典型车辆充电系统的工作原理

以下以吉利帝豪 EV450 电动汽车车载充电系统的功能为例进行介绍。纯电动汽车车载

项目二　新能源汽车充电方式及原理认知

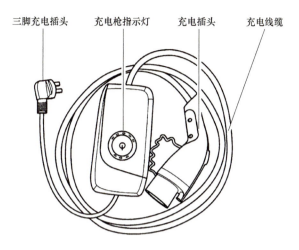

图 2-2-4　家用随车充电枪的结构

充电系统的功能包括快充（直流高压充电）、慢充（交流高压充电）、充电锁功能、低压充电、智能充电和制动能量回收等。图 2-2-7 所示为吉利帝豪 EV450 电动汽车充电系统的工作原理框图。

图 2-2-5　车载充电机的位置

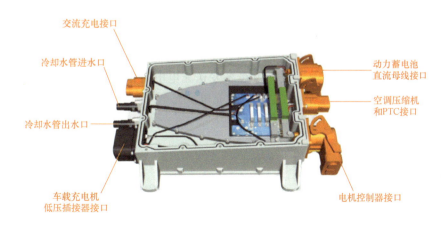

图 2-2-6　车载充电机的结构

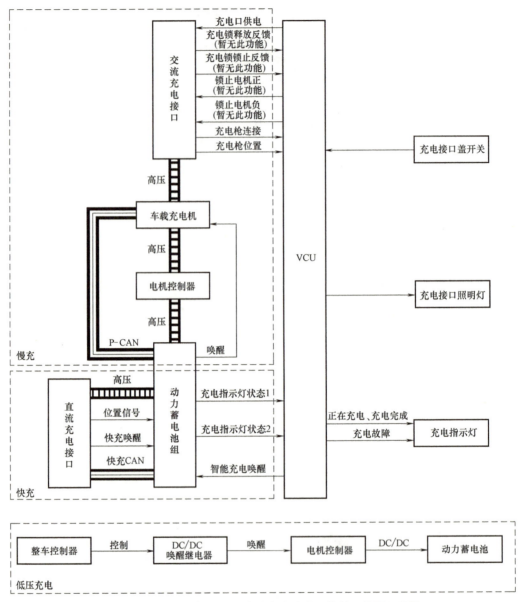

吉利帝豪EV450电动汽车直流充电电路原理

图 2-2-7 吉利帝豪 EV450 电动汽车充电系统的工作原理框图

(一) 快充（直流高压充电）

吉利帝豪 EV450 的快充系统由直流充电接口、直流充电线束和动力蓄电池等部件组成。当直流充电设备接口连接到整车直流充电接口后，直流充电设备发送充电唤醒信号给 BMS，BMS 根据动力蓄电池的可充电功率，向直流充电设备发送充电电流指令。同时，BMS 吸合系统高压正极继电器和高压负极继电器，动力蓄电池开始充电。充电时间：48min 可充电 80%。

直流充电流量传递路线如图 2-2-8 所示。

(二) 慢充（交流高压充电）

吉利帝豪 EV450 的慢充系统由交流充电接口、交流充电线束、交流充电插座、交流充电插头、动力蓄电池和车载充电机等部件组成。当车辆处于交流充电模式下时，车载充电机检测交流充电接口的 CC、CP 信号（充电枪插

图 2-2-8 直流充电流量传递路线

入、导通信号）并唤醒 BMS，BMS 唤醒车载充电机并发送指令充电，同时闭合主继电器，动力蓄电池开始充电。

充电时间：预估 13~14h 可充满。

交流充电流量传递路线如图 2-2-9 所示。

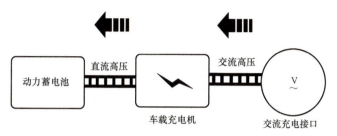

图 2-2-9　交流充电流量传递路线

> **警告**：家用充电插座额定电流不得小于充电插座额定电流，否则可能会导致发热，甚至产生火灾。

（三）充电锁功能

为防止车辆充电过程中充电枪丢失，车辆具有充电枪锁功能。

充电枪插入充电接口后，只要驾驶人按下智能钥匙闭锁按钮，充电枪防盗功能将开启；BCM 收到智能钥匙的闭锁信号后通过 CAN 总线将该信号传递到车载充电机，车载充电机将控制充电枪锁止电动机锁止充电枪，此时充电枪无法拔出。其原理框图如图 2-2-10 所示。

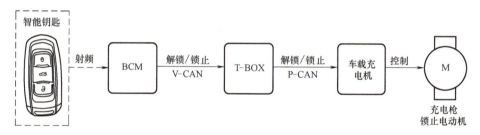

图 2-2-10　充电枪锁功能原理框图

如要拔出充电枪，需按下智能钥匙解锁按钮，解锁充电枪。

注意：如果电动解锁失效，可通过左前照灯附近的机械解锁拉索解锁。

（四）低压充电

吉利帝豪 EV450 的低压充电系统由 12V 辅助蓄电池、电机控制器、车载充电机（分线盒）和动力蓄电池等部件组成。高压上电前，低压电路系统依赖 12V 辅助蓄电池供电，当高压上电后，电机控制器将动力蓄电池的高压直流电转换成低压直流电为 12V 辅助蓄电池充电。其工作原理框图如图 2-2-11 所示。

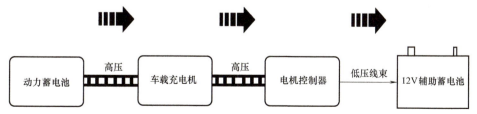

图 2-2-11　高压直流电转换成低压直流电工作原理框图

(五) 智能充电

长期停放的车辆容易造成辅助蓄电池亏电，辅助蓄电池严重亏电将会导致车辆无法起动上电。为避免这一问题，电动汽车具有智能充电功能。车辆停放过程中，VCU 将持续对辅助蓄电池电压进行监控，当电压低于设定值时，VCU 将唤醒 BMS，同时 VCU 将控制电机控制器通过 DC/DC 转换器对辅助蓄电池进行充电，防止辅助蓄电池馈电。其工作原理框图如图 2-2-12 所示。

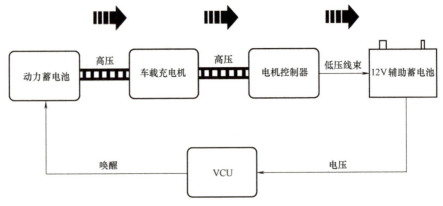

图 2-2-12　智能充电工作原理框图

(六) 制动能量回收

吉利帝豪 EV450 的能量回收系统由制动开关、动力蓄电池、驱动电机、整车控制器和高压线束等部件组成。能量回收系统是在车辆滑行或制动过程中，驱动电机从驱动状态转变成发电状态，将车辆的动能转换为电能储存在动力蓄电池中。

车辆在滑行或制动时，VCU 根据当前动力蓄电池状态和制动踏板位置信号，计算能量回收转矩并发送指令给电机控制器，启动能量回收。制动能量回收传递路线与能量消耗相反，如图 2-2-13 所示。

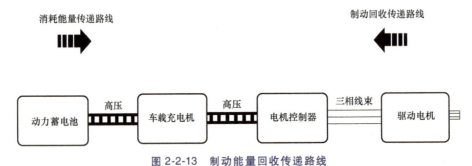

图 2-2-13　制动能量回收传递路线

制动能量回收过程中，电机消耗车轮旋转的动能发出交流电输出给电机控制器，电机控制器将交流电转换成直流电给动力蓄电池充电。

注意：动力蓄电池电量过高、车速较高或者较低和车辆故障时，VCU 可能会停止能量回收。此时，减速感觉可能变弱。

三、换电系统与换电站

(一) 换电模式概述

电动汽车换电模式指通过集中型充电站对大量动力蓄电池集中存储、集中充电、统一配送，并在动力蓄电池配送站内对电动汽车进行动力蓄电池更换服务或者集动力蓄电池的充电、物流调配以及换电服务于一体。换电模式的本质是挖掘动力蓄电池全生命周期价值，实现企业和消费者利益再分配。图 2-2-14 所示为国家电网换电站。

图 2-2-14　国家电网换电站

从电动汽车技术发展来看，当前电动汽车"充电+换电+车电分离销售"模式成熟，电动汽车电池可买、可租、可换。当前电动汽车换电应用在私人端、运营车端、商用车端均有良好的应用，能够充分解决运营车和商用车日均行驶里程多、补能效率需求高的问题，弥补充电桩的不足。

与充电模式相比，换电模式的主要优势为补能效率高，大幅缩短补能时间。换电模式是通过机械方式快速将电动汽车的动力蓄电池更换以实现补能的方式，过程不超过 5min。换电模式可降低车企成本，对有运营成本压力的出租车、商用车更为友好。换电模式下动力蓄电池养护费用更低，换电站用地面积小，可提高报废动力蓄电池回收率。动力蓄电池由专业人士控制管理，可延长动力蓄电池使用寿命 30%~60%；充分利用波谷充电波峰放电，降低动力蓄电池损耗，提升盈利能力；从动力蓄电池回收方面来看，退役动力蓄电池整包梯次利用技术为储能系统的运转奠定基础。

换电模式的缺点也不可忽视，换电站前期投入成本高，换电站的建设除了用地、人力、换电设备购置等方面的成本外，还需要巨额的动力蓄电池储备成本和动力蓄电池充电、用电成本。

同时相比充电模式，换电站后期运营成本高。充电站几乎可实现无人值守，车主可自行操作充电桩进行充电，其运营成本相对较低。而换电站中换电设备的操作及保养，动力蓄电池的统一充电、存储和调配都需要一定数量的工作人员，因此换电站的后期运营成本要高于充电站。

目前市场上换电的主流方式是底盘换电、侧方换电和分箱换电等。蔚来汽车的换电车型采用的是底盘换电的方式对动力蓄电池进行更换；浙江时空电动汽车有限公司的换电车型采用的是侧方换电的方式对动力蓄电池进行更换；力帆汽车的换电车型采用的是分箱换电的方式对动力蓄电池进行更换。

（二）换电站建设运营

换电站的建设运营资金需求量较大，对动力蓄电池的投资、车位选址、布线改造和运营管理都有很强的要求。根据中国充电联盟资料，目前我国换电站运营主要是 3 家企业：奥动新能源、蔚来、杭州伯坦科技。国家电网、蔚来、国家电投、中石化、协鑫能科等均在"十四五"期间有 4000 座以上的充换电站规划。

根据蔚来汽车的 NIO Power 2025 换电站布局计划：2021 年换电站建成目标总数由 500 座提升为 700 座以上，并将在 2022 年春节前建成"五纵三横四大都市圈"的高速换电网络。从 2022 年至 2025 年，蔚来汽车将在中国市场每年新增 600 座换电站，将 90% 的蔚来汽车用户住所变成电区房；至 2025 年底，蔚来换电站全球总数将超 4000 座，其中中国以外市场的换电站约 1000 座。图 2-2-15 所示为蔚来换电站。

新能源汽车整车厂商（包括东风、蔚来、奥动、北汽、长安、上汽、吉利等）从 2021 年开

图 2-2-15　蔚来换电站

始加大换电赛道推广力度。北汽已推出一系列成熟的换电车型，上汽、广汽、一汽、吉利等主机厂积极研发换电车型，部分已实现量产。2021 年，上汽荣威 Ei5 和吉利嘉际换电电动汽车均开始量产；一汽奔腾 NAT 换电电动汽车、一汽红旗 E111 换电电动汽车开始量产；东风计划建设 6 个标准站，50 个快捷站，投放 2000 辆换电电动汽车；蔚来实现建设 1 天 1 座换电站；吉利注册子公司易易换电，签约 1000 家换电站。

2021 年 11 月 1 日，《电动汽车换电安全要求》（GB/T 40032—2021）正式实施。该标准为国家市场监管总局（国家标准委）于 2021 年 4 月份批准发布，这是我国汽车制造业在换电行业制定的第一个基本通用性国家行业标准。

该标准有助于提升使用换电技术的电动汽车在机械强度、电气安全、环境适应性等方面的安全水平，保障换电电动汽车的安全性，填补了汽车行业的标准空白，解决了换电模式无标准可依的紧迫问题，有助于引导汽车企业的产品研发，提升换电电动汽车的安全性，支撑新能源汽车产业高质量发展。

从当前时间节点看，换电产业有两个环节值得特别关注，一是换电设备会随着换电站规划的落地首先起量；二是随着市场对换电模式的认可及换电车型的增多，换电站运营的市场空间将会快速增大。换电站运营有望以 2B（商用车、运营车）为主，同时对高端 2C 端市场提供服务以实现盈利，产业链整合后经济效益将得到充分发挥，上、下游各环节将探索形成完整生态网络。

 拓展延伸

全球首座二代换电站正式投运

2021 年 4 月 15 日，蔚来汽车公司与中石化合作签约，启动蔚来第二代换电站。蔚来第二代换电站是全球首个量产实现车辆自动泊入的换电站，是由软件定义的端、云结合的智能换电系统。全站共布置 239 个传感器、4 大云端系统协同作业，全面深化视觉识别技术应用。

在科技加持下，用户无需下车，在车内即可一键启动自助换电。第二代换电站每天可提供最多 312 次换电服务，相比第一代换电站的换电效率有了极大提升。

项目三 新能源汽车充电系统的结构、原理与检修

充电系统按充电方式可分为快充系统和慢充系统等。通过本项目的学习，学生应能准确地讲述充电系统的作用、充电系统的构成及控制原理；能辨认出充电系统的各个部件；能按照生产厂家的技术规范对充电系统进行简单的检查和元器件的更换；能结合实物讲述充电系统的充电流程；能针对充电系统常见故障进行诊断与排除。

学习任务一 快充系统的结构、原理与检修

 任务描述

小张准备开车去接女友，可是看着20%的剩余电量不禁有些担忧，于是赶快将车开到就近的充电站进行快充，结果车辆充不上电并提示：快充桩与车辆无法通信。小张又重复操作了几次，均存在同样的问题，于是将车开到4S店进行维修。作为维修人员，你能否利用所学知识帮助小张找出故障的原因？

 学习目标

1) 能正确地讲述快充系统的组成、作用及工作原理。
2) 能正确地理解快充系统的充电条件。
3) 能正确地诊断并排除快充系统的故障。
4) 提升学生人文素养，培养学生认真学习、不断探索的精神。

 相关知识

一、快充系统的组成

快充即直流充电，主要是通过地面充电装置（直流充电柜）将交流电网电能（380V）转化为直流电后通过充电插接器对电动汽车进行充电。其特点为充电功率大、充电时间短，但充电设备成本高。

电动汽车快充系统一般由快充柜、直流充电接口、高压线束、高压配电模块（或无）、蓄电池管理器、动力蓄电池、低压控制线束等部件组成。

1. 吉利帝豪 EV450 快充系统的组成

吉利帝豪 EV450 的快充系统由直流充电接口、高压线束（直流充电线束）、动力蓄电池和蓄电池管理器等组成，直流充电线与动力蓄电池组直接相连，如图3-1-1所示。充电时间一般为48min 可充电 80%。

2. 比亚迪 e5 快充系统的组成

比亚迪 e5 的快充系统由直流充电接口、配电模块、蓄电池管理器、高压线束和动力蓄电池

直流充电接触器故障诊断与排除方法

直流无法充电故障诊断与排除方法

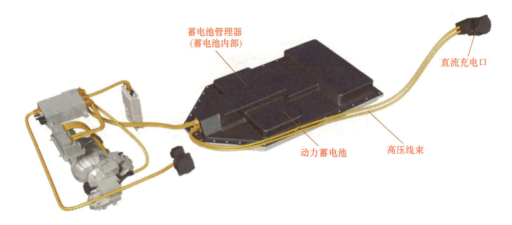

图 3-1-1 吉利帝豪 EV450 快充系统的组成

等组成，如图 3-1-2 所示。

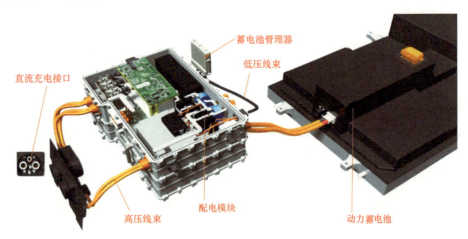

图 3-1-2 比亚迪 e5 快充系统的组成

二、快充系统的工作原理及充电条件

由于电网中的 380V 交流电无法直接输入动力蓄电池，所以在快充过程中输入的 380V 交流电需要经过直流充电柜的转换整流。直流充电柜由输入整流装置、输入控制装置、输出控制装置和充电管理装置组成，其框图如图 3-1-3 所示。

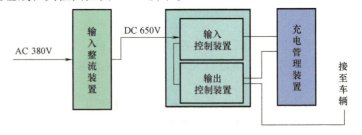

图 3-1-3 直流充电柜的组成框图

1. 快充系统的工作原理

电动汽车整车电源处于 ON 档高压电时，需先进行高压断电后再进行充电。当快充设备连接到整车快充充电接口，快充系统充电设备发送充电唤醒信号给 BMS，BMS 根据动力蓄电池的可充电功率，向快充系统充电设备发送充电电流指令。同时，BMS 吸合系统高压正极继电器和高压负极继电器，动力蓄电池开始充电。在充电过程中，整车控制器实时监控充电过程，对异常情况进行紧急充电停止，以及部分信息的仪表显示、监控平台信息上传。

交流电经过电表进入到直流充电柜，充电柜与车辆通信成功后，直流充电柜将交流高压电转化为直流高压电直接向动力蓄电池充电。图 3-1-4 所示为快充系统的工作原理。图中 K1、K2 为充电柜高压正、负继电器；K3、K4 为充电柜低压唤醒正、负继电器，供电输出给车辆控制器，K5、K6 为动力蓄电池高压正、负继电器；检测点 1 即 CC1 为充电柜检测快充插头与车辆连接状态识别信号；检测点 2 即 CC2 为车辆控制器检测快充插头与车辆连接状态识别信号。

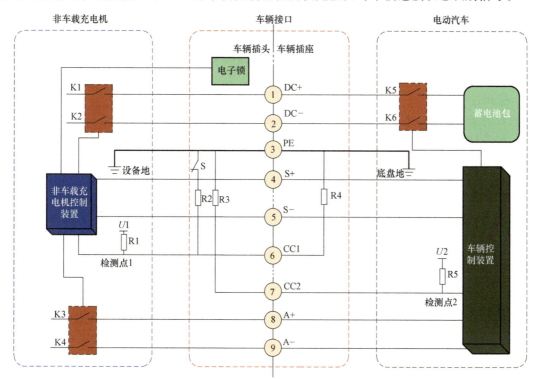

图 3-1-4　快充系统的工作原理

车载充电机无低压直流电输出故障诊断与排除方法

当 CC1、CC2 两个检测点检测到的电压值符合要求之后，即认为充电柜与车辆可靠连接，K3、K4 继电器闭合，充电柜输出 12V 低压唤醒电源到车辆控制器，两者进行身份辨认。辨认成功之后，整车控制器报送动力蓄电池的充电需求，充电柜报送供电能力，二者匹配。整车控制器和 BMS 控制 K5、K6 闭合，充电柜控制 K1、K2 闭合，即进入充电阶段，整车控制器发送充电请求及充电状态报文，充电柜反馈充电机状态报文。当车辆及充电柜判定充电结束之后，断开 K1、K2、K5、K6，充电截止，断开 K3、K4 充电完成。

开关 S 为充电机充电插头的内部常闭开关，当充电机充电插头与车辆插座安全连接后，开关 S 闭合。在整个充电过程中，充电机控制装置应能监测继电器 K1、K2，继电器 K3、K4 以及电子锁状态并控制其接通或关断。电动汽车车辆控制装置应能监测接触器 K5 和 K6 的状态并控制其接通或关断。

2. 快充系统的充电条件

结合动力蓄电池相关知识以及快充原理图可以得出，快充系统完成正常充电需要满足以下条件：

1）充电连接确认信号 CC1、CC2 正常。

2）BMS 供电电源 12V 正常。

3）充电唤醒信号 l2V 输出正常。

4）充电柜、整车控制器、BMS之间通信正常。
5）动力蓄电池单体温度大于5℃、小于45℃。
6）动力蓄电池单体电压的最高与最低电压压差小于300mV。
7）单体电池最高温度与最低温度差小于15℃。
8）绝缘性能>500Ω/V。
9）实际单体最高电压不大于额定单体电压0.4V。
10）高、低压电路连接正常（远程开关关闭状态）。

三、直流充电插座的更换

下面以吉利帝豪EV450为例介绍其直流充电插座的更换。更换过程分为拆卸过程和安装过程，具体操作如下：

1. 拆卸过程

1）打开前机舱盖，垫上右前翼子板垫布、前保险杠垫布、左前翼子板垫布。
2）断开辅助蓄电池的负极电缆连接，断开车载充电机处直流母线。
3）拆卸左后轮。
4）拆卸左后轮罩衬板。
5）断开动力蓄电池上的直流充电高压线束插接器，如图3-1-5所示。
6）拆卸直流充电高压线束支架固定螺栓1、螺母2，脱开直流充电高压线束支架，如图3-1-6所示。

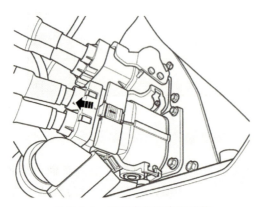
图3-1-5　断开高压线束插接器

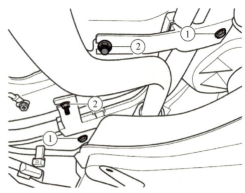
图3-1-6　拆卸高压线束支架固定螺栓

7）脱开直流充电高压线束固定线卡1，拆卸动力蓄电池左防撞梁螺栓2，脱开直流充电高压线束固定线卡3，如图3-1-7所示。
8）脱开直流充电高压线束4个固定线卡，如图3-1-8所示。

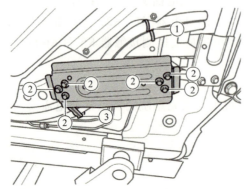
图3-1-7　脱开高压线束固定线卡及防撞梁螺栓

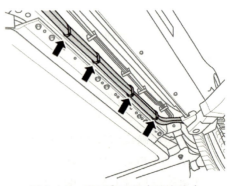
图3-1-8　脱开高压线束固定线卡

9）脱开直流充电高压线束固定线卡1，拆卸直流充电高压线束支架固定螺栓2，如图3-1-9所示。

10）脱开直流充电高压线束固定线卡1，拆卸直流充电插座搭铁线束固定螺栓2，脱开搭铁线束，断开直流充电插座线束插接器3，如图3-1-10所示。

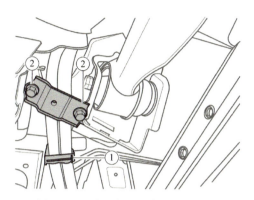

图3-1-9　脱开高压线束固定线卡及高压线束支架固定螺栓

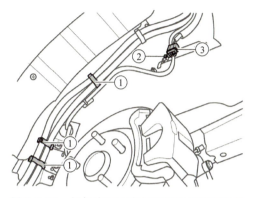

图3-1-10　拆卸直流充电插座搭铁线束插接器

11）拆卸直流充电插座4个固定螺栓，取出直流充电插座总成，如图3-1-11所示。

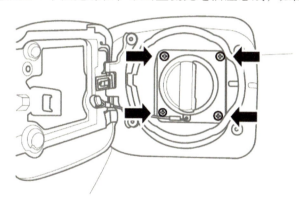

图3-1-11　拆卸直流充电插座固定螺栓

2. 安装过程

1）放置直流充电插座总成，紧固直流充电插座总成4个螺栓，紧固力矩：9N·m。

2）安装直流充电高压线束固定线卡1，紧固直流充电插座搭铁线束固定螺栓2，紧固力矩：9N·m。连接直流充电插座线束插接器3。注意：插接时注意"一插、二响、三确认"。

3）安装直流充电高压线束固定线卡1，紧固直流充电高压线束支架固定螺栓2，紧固力矩：9N·m。

4）安装直流充电高压线束4个固定线卡。

5）安装直流充电高压线束固定线卡1，紧固动力蓄电池左防撞梁螺栓2，安装直流充电高压线束固定线卡3。

6）安装直流充电高压线束支架，紧固直流充电高压线束支架固定螺栓1、螺母2，紧固力矩：9N·m。

7）连接动力蓄电池上的直流充电高压线束插接器。

8）安装左后轮罩衬板。

9）安装左后轮。

10）连接车载充电机处直流母线。

11）连接辅助蓄电池负极电缆。

12）关闭前机舱盖。

学习任务二　慢充系统的结构、原理与检修

任务描述

小白想买一辆汽车作为代步工具，考虑到只用于市内通勤，于是他购入一辆纯电动汽车。一天，小白和朋友约好外出游玩，于是他准备对停在车库的爱车进行充电，可是操作了几次也没有成功充上电，系统提示车载充电机与充电桩连接故障，小白只好将爱车开往附近的4S店。作为维修人员，你能否利用所学知识帮助小白找出故障的原因？

学习目标

1）能准确地讲述慢充系统的组成和充电过程。
2）能准确地理解车载充电机的工作原理。
3）能准确地完成慢充系统的故障诊断。
4）能准确地完成车载充电机的故障诊断。
5）培养学生从小事做起、从我做起的职业态度，提高学生的新能源汽车维修业务能力。

充电接口CC控制电路故障诊断与排除方法

充电接口CP控制线路故障诊断与排除方法

相关知识

一、慢充系统的组成

慢充即交流充电，是将220V交流电输入车载充电机，经其转换后输出直流电对动力蓄电池进行充电的方式。

如图3-2-1所示，慢充系统由交流充电接口、高压线束、车载充电机、配电模块、动力蓄电池、低压控制线束等组成。其充电过程是通过家用电源插头和交流充电桩接入交流充电接口，通过车载充电机将220V交流电转换为高压直流电，给动力蓄电池进行充电。

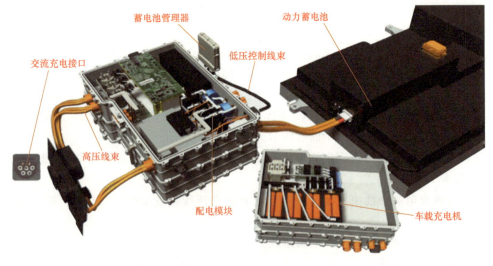

图3-2-1　慢充系统的组成

1. 吉利帝豪EV450慢充系统的组成

吉利帝豪EV450的慢充系统由交流充电接口、车载充电机及分线盒、动力蓄电池和蓄电池管理器、高压线束等组成，如图3-2-2所示。当车辆处于交流充电模式时，车载充电机检测交流

项目三 新能源汽车充电系统的结构、原理与检修

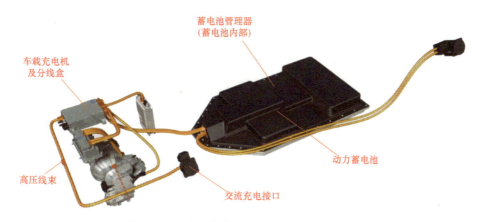

图 3-2-2 吉利帝豪 EV450 慢充系统的组成

充电接口的 CC、CP 信号并唤醒 BMS，BMS 唤醒车载充电机并发送指令充电，同时闭合主继电器，动力蓄电池开始充电。充电时间：约 14h 可充满。

2. 比亚迪 e5 慢充系统的组成

比亚迪 e5 的慢充系统由交流充电接口、充配电总成和动力蓄电池等组成，如图 3-2-3 所示。

图 3-2-3 比亚迪 e5 慢充系统的组成

二、慢充系统的工作原理

1. 交流充电桩的工作原理

交流充电桩固定安装在电动汽车外、与交流电网连接，为电动汽车车载充电机（即固定安装在电动汽车上的充电机）提供交流电源的供电装置。

交流充电桩电气系统结构框图如图 3-2-4 所示。主回路由输入保护断路器、交流智能电能表、交流控制接触器和充电接口组成，主要负责把输入端的电压传输至输出端。控制主电路元件包括急停按钮、运行状态指示灯、充电桩智能控制器和人机交互设备（显示输入、支付等），主要接收用户指令对输入的电压进行控制与安全保护。

2. 交流充电接口连接顺序

对于交流充电，插头与插座互插过程中，PE 最先连接，确保有一个稳定的接地平台；CC 和 CP 最后连接，类似于高压互锁确认功能，如图 3-2-5 所示。拔出时，顺序相反。

交流充电接触器控制线路故障诊断与排除方法

交流充电桩刷卡无反应故障诊断与排除

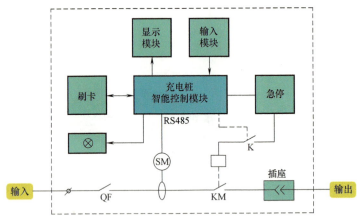

图 3-2-4　交流充电桩电气系统结构框图

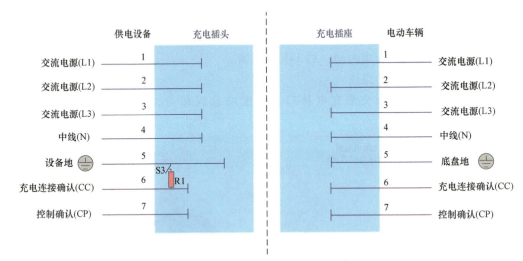

图 3-2-5　交流充电接口连接顺序

三、慢充系统的控制原理及流程

比亚迪 e5 慢充的流程分为半连接状态、双方确认连接、车辆充电准备、车辆准备就绪、供电设备准备就绪、确认充电功率、充电过程和停止充电共 8 个过程，充电控制涉及的部件有供电控制装置、车载充电机、VTOG、高压配电箱、动力蓄电池包等多个部件，如图 3-2-6 所示。

交流无法充电故障诊断与排除方法

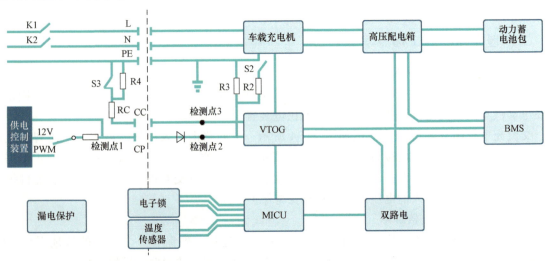

图 3-2-6　慢充系统充电框图

1. 半连接状态

交流充电桩与车辆慢充充电接口通过充电线缆发生物理连接，交流充电枪的手柄按钮按下，S3 接触器断开，交流充电桩低压辅助电源向检测点 1 和检测点 2 输入电源，经过 VTOG 后，检测电阻 R3 和 R4 是否接地，由车辆充电接口与交流充电桩的充电枪的 CC/CP/PE 通信检测连接状况，如图 3-2-7 所示。

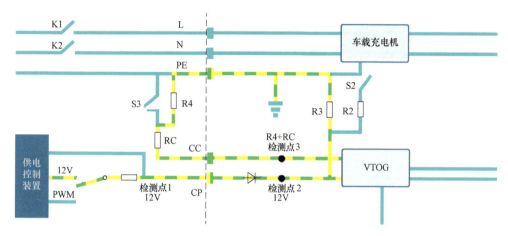

图 3-2-7 慢充半连接状态示意图

2. 双方确认连接

松开交流充电枪的手柄按钮，S3 接触器闭合，PE 检测电路将不经过 R4 电阻，从而使检测信号完整，即检测过程完毕，如图 3-2-8 所示。

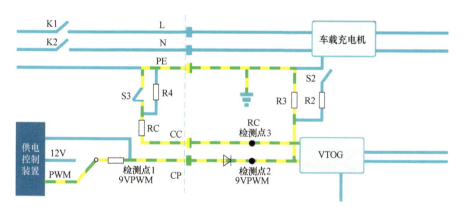

图 3-2-8 慢充确认连接示意图

3. 车辆充电准备

双方完成连接检测后，双路电向高压配电箱、VTOG 以及 BMS 提供电源。车辆控制单元控制高压配电箱中的正极接触器、负极接触器、预充接触器闭合，如图 3-2-9 所示。

4. 车辆准备就绪

车辆充电准备就绪，车载充电机被 VTOG 唤醒，如图 3-2-10 所示。

5. 供电设备准备就绪

交流充电桩检测到车辆充电准备就绪后，闭合 K1/K2 继电器，开始向充电机供电，如图 3-2-11 所示。

6. 确认充电功率

经过对比供电设备供电能力，检测点 3 额定容量和车载充电机输入电流，确定充电功率，如图 3-2-12 所示。

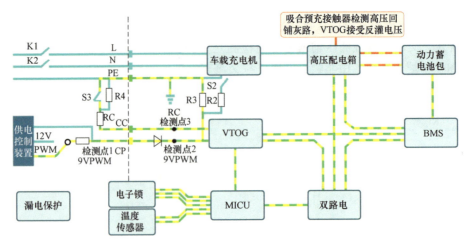

图 3-2-9 慢充充电准备示意图

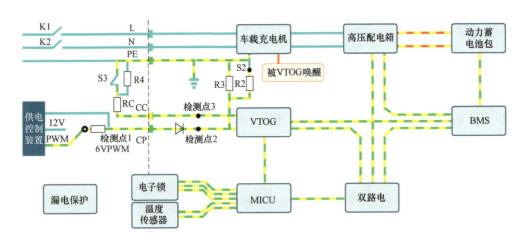

图 3-2-10 慢充车辆准备就绪示意图

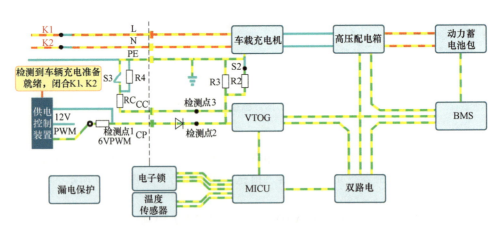

图 3-2-11 慢充供电设备准备就绪示意图

7. 充电过程

确认充电功率后，蓄电池管理器控制充电接触器吸合，开始为动力蓄电池组供电。充电过程中，检测点2一直检测蓄电池电压，从而调整车载充电机充电时的电压和电流，如图3-2-13所示。

项目三 新能源汽车充电系统的结构、原理与检修

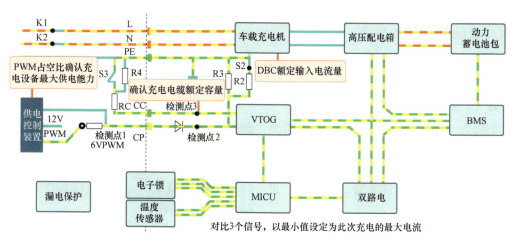

图 3-2-12 慢充确认功率示意图

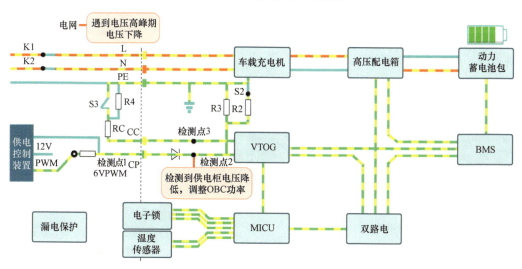

图 3-2-13 慢充周期性检测示意图

8. 停止充电

当蓄电池管理器检测到动力蓄电池包充电电流下降至 1A 时，蓄电池管理器控制各接触器分离。S2 开关断开，检测点 1 检测到停止充电信号，供电设备停止供电，K1、K2 分离，停止充电，拔出充电枪后，充电结束，如图 3-2-14 所示。

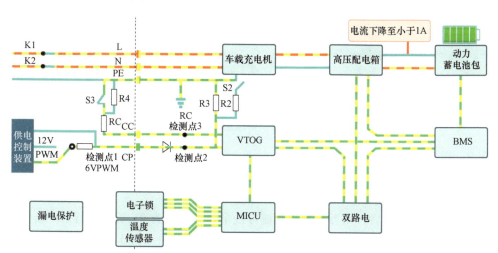

图 3-2-14 慢充停止充电示意图

51

四、充配电总成的更换

下面以比亚迪 e5 为例介绍其充配电总成的更换。更换过程分为拆卸过程和安装过程，具体操作如下：

步骤 1 断开维修开关。

车辆熄火（退至 OFF 档），断开动力蓄电池维修开关。

步骤 2 拆卸外部接口。

1）使用水管钳拆卸进水管、出水管、排气管，如图 3-2-15 所示。

2）手工拆卸低压线束插接件、空调 PTC 插接件、空调压缩机插接件、交流充电输入插接件，如图 3-2-16 所示。

3）使用 13 号套筒工具拆卸低压正极线、两条搭铁线，如图 3-2-17 所示。

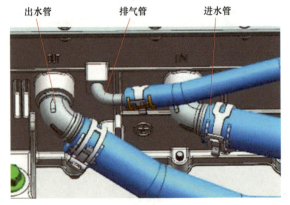

图 3-2-15 拆卸水管及排气管接头

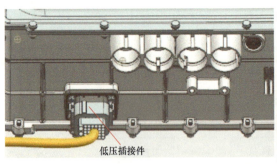

a) 拆卸低压插接件

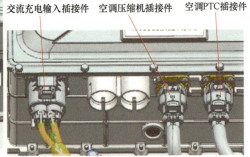

b) 拆卸高压插接件

图 3-2-16 拆卸高压及低压接插件

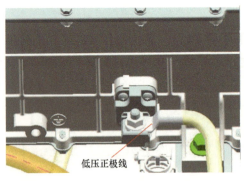

a) 拆卸正极线

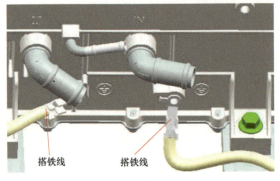

b) 拆卸两条搭铁线

图 3-2-17 拆卸低压正极线和搭铁线

步骤 3 拆卸充配电总成小盖。

用专用工具拆卸 10 个小盖内五角螺栓，如图 3-2-18 所示。

步骤 4 拆卸充配电总成内部线鼻子。

拆开充配电总成小盖后，用万表测量直流母线电压，电压为 0V 后再进行下一步操作。用 10 号套筒工具拆卸电控甩线、直流母线（接电池）和直流充电线束共 12 个 M6 螺栓，如图 3-2-19 所示。

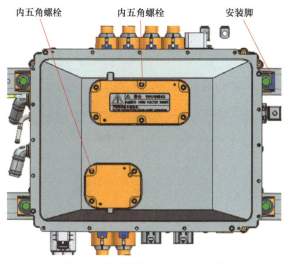
图 3-2-18 拆卸小盖内五角螺栓

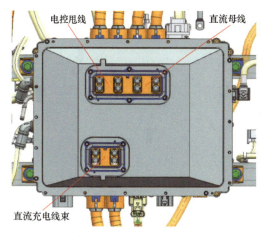
图 3-2-19 拆卸电控甩线、直流母线和充电线束螺栓

步骤 5 装配充配电总成小盖。

用专用工具装配 10 个小盖内五角螺栓。

步骤 6 拆卸充配电总成安装脚。

用 13 号套筒工具拆卸充配电总成安装脚 4 个 M10 螺栓。

步骤 7 装配说明。

取出故障充配电总成，更换一个新的充配电总成。按照拆卸的倒序，用同样的工具，装配好充电总成。

五、慢充充电插座的更换

下面以吉利帝豪 EV450 为例介绍其交流充电插座的更换。更换过程分为拆卸过程和安装过程，具体操作如下：

1. 拆卸过程

1) 打开前机舱盖，垫上右前翼子板垫布、前保险杠垫布、左前翼子板垫布。

2) 断开辅助蓄电池负极电缆连接，断开车载充电机处直流母线。

3) 拆卸左前轮。

4) 拆卸左前轮罩衬板。

5) 断开车载充电机上的交流充电高压线束插接器 1，脱开交流充电高压线束插接器卡扣 2，如图 3-2-20 所示。

6) 断开交流充电高压线束卡扣，如图 3-2-21 所示。

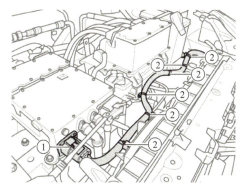
图 3-2-20 断开高压线束插接器

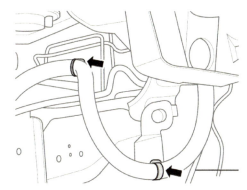
图 3-2-21 断开高压线束卡扣

充电接口的拆卸

7）断开交流充电高压线束卡扣，如图 3-2-22 所示。

8）断开交流充电器锁解锁拉线卡扣，如图 3-2-23 所示。

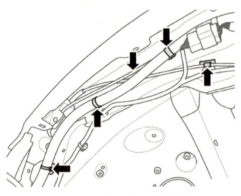 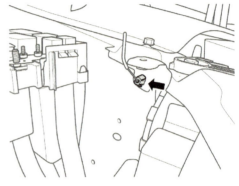

图 3-2-22　断开高压线束卡扣　　　　图 3-2-23　断开拉线卡扣

9）断开交流充电插座线束插接器 1，断开交流充电插座口盖线束插接器 2，断开交流充电插座线束插接器 3，如图 3-2-24 所示。

10）拆卸交流充电接口盖螺钉，撬起交流充电接口盖卡扣，取出交流充电接口盖，如图 3-2-25 所示。

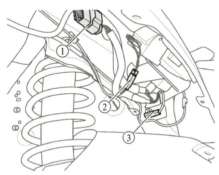 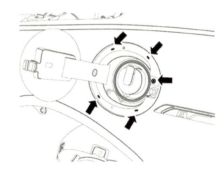

图 3-2-24　断开线束插接器　　　　图 3-2-25　取出交流充电接口盖

11）拆卸交流充电插座固定螺栓，取出交流充电插座总成，如图 3-2-26 所示。

2. 安装过程

1）放置交流充电插座总成，紧固交流充电插座固定螺栓，紧固力矩：9N·m。

2）放置交流充电接口盖，紧固交流充电插座口盖螺钉，紧固力矩：5N·m。

3）连接交流充电插座线束插接器 1，连接交流充电接口盖线束插接器 2，连接交流充电插座线束插接器 3。插接时注意"一插、二响、三确认"。

4）安装交流充电高压线束卡扣，安装交流充电器锁锁止拉线卡扣。

5）安装交流充电高压线束卡扣。

6）安装交流充电器锁锁止拉线卡扣。

7）连接车载充电机上的交流充电高压线束插接器 1，安装交流充电高压线束插接器卡扣 2。插接时注意"一插、二响、三确认"。

图 3-2-26　拆卸交流充电插座固定螺栓

充电接口的安装

充电接口更换后的检查

项目三 新能源汽车充电系统的结构、原理与检修

8）安装左前轮罩衬板。
9）安装左前轮。
10）连接车载充电机处直流母线。
11）连接辅助蓄电池负极电缆。
12）关闭前机舱盖。

学习任务三　高、低压转换系统的故障检修

任务描述

小王下班回家时，发现自己的吉利 EV450 电动汽车无法起动，整车无法上电，按喇叭无声响，经咨询对辅助蓄电池跨接充电后，整车正常上电并正常行驶，但第二天上班时车辆又出现同样的故障，于是小王将电动汽车送往 4S 店进行维修。作为维修人员请你尽快处理车辆的问题。

学习目标

1）能正确地讲述高、低压转换系统的组成和原理。
2）能正确地完成高、低压转换系统故障的检修。
3）能够与客户进行良好的沟通，处理客户委托书，完成客户车辆交付。

相关知识

一、高、低压转换系统的结构及工作原理

虽然电动汽车可以直接依靠动力蓄电池存储的电能驱动车辆，但是无论整车控制器（VCU）、蓄电池管理系统（BMS）还是车上的灯光、喇叭等用电设备都需要 12V 电源来维持供电，因此电动汽车并未取消 12V 蓄电池。但是 12V 蓄电池的容量较为有限，所以需要专门的设备将动力蓄电池的高压电转化为低压电：一方面，可以向车上低压用电器供给电能；另一方面，可以对辅助蓄电池进行充电。

完成将动力蓄电池的高压电转化为低压电的系统称为高、低压转换系统。电动汽车的高、低压转换系统由动力蓄电池组、DC/DC 变换器、辅助蓄电池等组成，如图 3-3-1 所示。

DC/DC 变换器是完成高、低压转换的核心部件。当车辆起动时低压电主要靠辅助蓄电池供电，动力蓄电池组完成上电后，动力蓄电池组将高压直流电通过高压配电系统输入给 DC/DC 变换器；DC/DC 变换器将高压直流电转换为低压直流电，为全车低压用电设备供电；当检测到辅助蓄电池电压不足时，DC/DC 变换器为辅助蓄电池充电。

二、DC/DC 变换器的结构及工作原理

（一）DC/DC 变换器的功用和结构

DC/DC 变换器相当于传统汽车的发电机，将动力蓄电池的高压直流电转换为低压直流电供给辅助蓄电池和低压用电器，具有效率高、体积小、耐受恶劣工作环境等特点。

受整车布置的影响，现在很多车将车载充电机、高低压转化装置和 PTC 控制模块合为一个部件，这个部件通常称为 PDU，它的功用实际上就是 3 个部件的功能的组合。还有另外一种形式是将电机控制器（MCU）与 DC/DC 变换器集成化，这也是纯电动汽车与混合动力电动汽车驱动电机管理模块发展的一个趋势，这类的驱动电机管理模块被称为 PEU。集成度高的系统既节

车载充电系统高低压转换原理

55

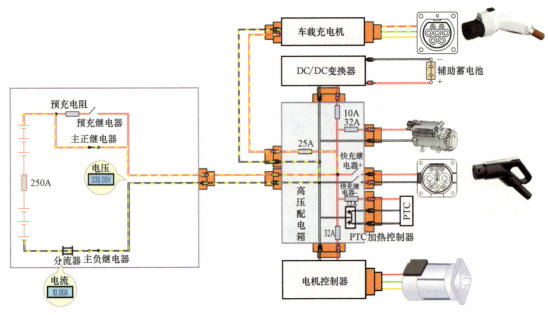

图 3-3-1 高、低压转换系统

省了成本，也利于系统之间信息的共享与车辆部件位置的布置设计。

DC/DC 变换器在不同电动汽车上有着不同的结构，例如北汽新能源汽车的 DC/DC 变换器由低压输出负极、低压输出正极、低压控制端、高压输入端等结构组成，如图 3-3-2 所示，吉利帝豪 EV450 的 DC/DC 变换器则集成在电机控制器内，如图 3-3-3 所示，比亚迪 e5 的 DC/DC 变换器集成在充配电总成内，如图 3-3-4 所示。

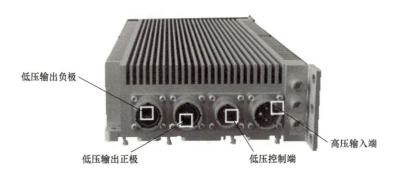

图 3-3-2 北汽新能源汽车 DC/DC 变换器的结构

（二）DC/DC 变换器的工作原理

DC/DC 变换器负责将动力蓄电池的高压电转换成低压电，其在主接触器吸合时工作，输出的低压电源供给整车用电器工作，并且可给辅助蓄电池充电。

DC/DC 变换一般有两种方式，一种是采用降压斩波电路，电路采用绝缘栅双极晶体管（IGBT）直接进行直流电压降压转变；另一种为采用直流电源转换电路（即 DC-AC-DC 的方法）使用变压器进行转换。下面以"DC-AC-DC 电路转换"为例介绍其工作原理。

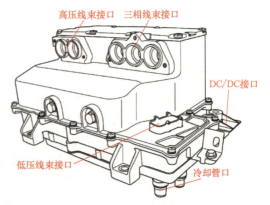

图 3-3-3 吉利帝豪 EV450 DC/DC 变换器的结构

项目三 新能源汽车充电系统的结构、原理与检修

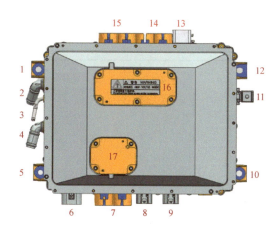

图 3-3-4 比亚迪 e5 的充配电总成

1、10、12—辅助定位　2—出水口　3—排气口　4—进水口　5—主定位　6—交流充电输入　7—直流充电输入
8—空调压缩机配电　9—空调 PTC 配电　11—低压正极输出　13—低压信号　14—高压直流输入/输出
15—电机控制器配电　16—电控甩线和直流母线线鼻子固定维修盖　17—直流充电线缆线鼻子固定维修盖

ECU 控制 IGBT 的导通和截止，把动力蓄电池包的直流电逆变成高压、高频交流电，然后通过变压器把高压、高频交流电转变为低压、高频的交流电，最后通过二极管整流、滤波变成 14V 直流电。

当 ECU 控制 IGBT2 和 IGBT3 导通时，动力蓄电池包电流从正极流经 IGBT2 变压器初级绕组上端，向下流过初级绕组，经 IGBT3 到动力蓄电池包负极，如图 3-3-5 所示。

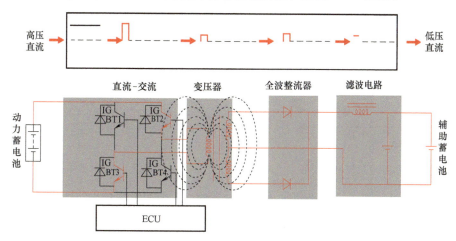

图 3-3-5　IGBT2 和 IGBT3 导通时的整流原理

当 ECU 控制 IGBT1 和 IGBT4 导通时，高压蓄电池包电流从正极流经 IGBT1 变压器初级绕组上端，向下流过初级绕组，经 IGBT4 到动力蓄电池包负极，如图 3-3-6 所示。

两次不同的导通过程，在变压器初级绕组中产生不同方向的交变磁场，在变压器次级绕组感应出 14V 交流电。此过程完成了将高压直流电转换成交流电再经变压器进行降压，在次级绕组输出 14V 低压交流电。14V 交流电经全波整流器进行整流，再经滤波器过滤，形成一个趋于平稳的直流波形输出。

三、DC/DC 变换器的更换

下面以拆卸吉利帝豪 EV450 的 DC/DC 变换器为例介绍 DC/DC 变换器的更换，因 EV450 的 DC/DC 变换器集成在电机控制器内，故此更换过程亦为更换电机控制器的过程。

57

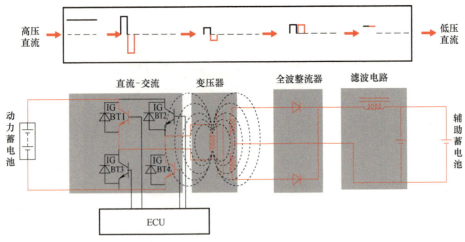

图 3-3-6　IGBT1 和 IGBT4 导通时的整流原理

1. 拆卸电机控制器

1）打开前机舱盖，垫上右前翼子板垫布、前保险杠垫布、左前翼子板垫布。
2）断开辅助蓄电池负极电缆，断开车载充电机处直流母线。
3）拆卸电机控制器上盖：卸电机控制器上盖 8 个螺栓，取下电机控制器上盖，如图 3-3-7 所示。
4）拆卸电机控制器总成，如图 3-3-8 所示。

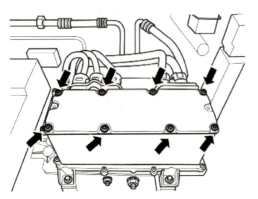

图 3-3-7　拆卸电机控制器上盖

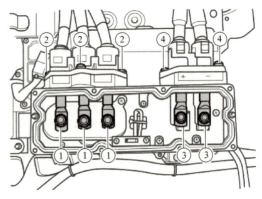

图 3-3-8　拆卸电机控制器

① 拆卸驱动电机三相线束插接器（电机控制器侧）3 个固定螺栓 1。
② 拆卸驱动电机三相线束端子（电机控制器侧）3 个固定螺栓 2，脱开三相线束。
③ 拆卸电机控制器高压线线束插接器（电机控制器侧）2 个固定螺栓 3。
④ 拆卸电机控制器高压线线束端子（电机控制器侧）2 个固定螺栓 4，脱开线束。
⑤ 取下电机控制器搭铁防尘盖，如图 3-3-9 所示。
⑥ 断开电机控制器线束插头，如图 3-3-10 所示。
⑦ 拆卸电机控制器两根搭铁线束固定螺母，脱开搭铁线束。
⑧ 脱开电机控制器进水管，如图 3-3-11 所示。
⑨ 脱开电机控制器出水管。
⑩ 拆卸电机控制器底座 4 个固定螺栓，取下电机控制器总成，如图 3-3-12 所示。

2. 安装电机控制器

（1）安装电机控制器总成
1）连接电机控制器进水管。
2）连接电机控制器出水管。

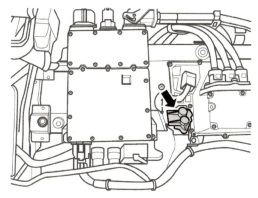

图 3-3-9　取下电机控制器搭铁防尘

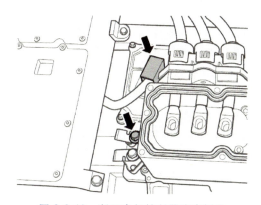

图 3-3-10　断开电机控制器线束插头

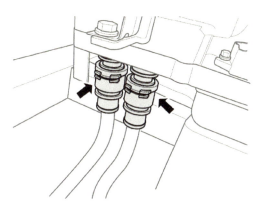

图 3-3-11　脱开电机控制器进、出水管

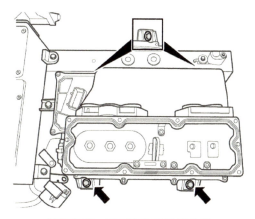

图 3-3-12　取下电机控制器总成

3）紧固电机控制器底座 4 个固定螺栓（紧固力矩 23N·m）。

4）连接电机控制器线束插头。

5）连接两根搭铁线，紧固螺母（紧固力矩 23N·m），盖上防尘盖。

6）连接三相线束，预紧驱动电机三相线束插接器（电机控制器侧）3 个固定螺栓 1，紧固驱动电机三相线束端子（电机控制器侧）3 个固定螺栓 2（紧固力矩 7N·m），如图 3-3-13 所示。

7）紧固驱动电机三相线束插接器（电机控制器侧）3 个固定螺栓 1（紧固力矩 23N·m）。

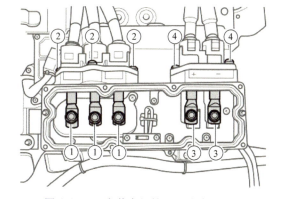

图 3-3-13　安装电机控制器线束插接器

8）连接线束，预紧分线盒电机控制器高压线线束插接器（电机控制器侧）2 个固定螺栓 3，紧固分线盒电机控制器高压线端子（电机控制器侧）2 个固定螺栓 4（紧固力矩 7N·m）。

9）紧固分线盒电机控制器高压线线束插接器（电机控制器侧）2 个固定螺栓 3（紧固力矩 23N·m）。

（2）安装电机控制器上盖　放置电机控制器上盖，紧固电机控制器上盖 8 个螺栓（紧固力矩为 8N·m）。

注意： 电机控制器上端盖合盖时，采取对角法则拧紧。

(3) 连接直流母线

(4) 连接辅助蓄电池负极电缆

(5) 加注冷却液

1) 拧开膨胀水箱盖,加入规定型号的冷却液。

2) 持续加注冷却液,直至膨胀水箱内冷却液容量达到80%左右,且液位不再下降,膨胀水箱保持开口状态。

3) 拔出电机控制器出水管,带电机控制器出水口有成股水流出,装上电机控制器出水管。

4) 除气完成,补充冷却液,恢复车辆。

(6) 关闭前机舱盖

四、高、低压转换系统故障诊断方法

下面以吉利帝豪 EV450 的 DC/DC 变换器故障为例说明高、低压转化系统的故障诊断方法。电路简图如图 3-3-14 所示。

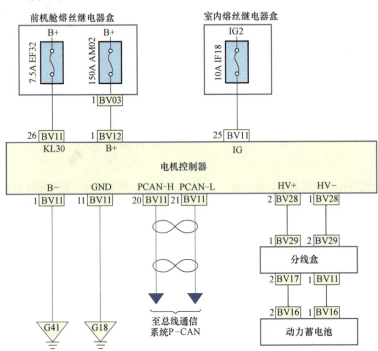

图 3-3-14 电路简图

动力蓄电池的高压直流电经过分线盒(车载充电机内)进行配电,将高压直流电输入电机控制器,电机控制器内的 DC/DC 变换器模块进行降压和变换后,将高压直流电变换成低压直流电。DC/DC 变换过程中插接器端子图如图 3-3-15～图 3-3-18 所示。

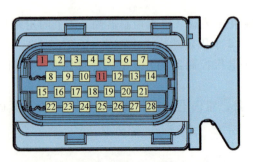

图 3-3-15 电机控制模块线束插接器 BV11

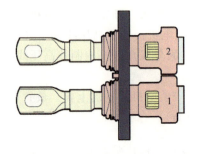

图 3-3-16 电机控制器 BV28 端子

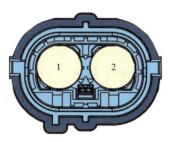

图 3-3-17　分线盒 BV29 端子

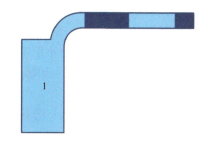

图 3-3-18　电机控制器线束插接器 BV12

（一）故障现象

车辆整车不上电，按喇叭无声音，对辅助蓄电池跨接充电后，整车上电，过段时间后又出现同样故障。

（二）故障分析

1）辅助蓄电池跨接充电后，将诊断仪的 OBD 接口连接至汽车诊断座接口处。

2）将电源开关置于 ON 档位，打开诊断仪，读取故障码。

3）读取故障码，发现为辅助蓄电池电压不合理故障。

4）分析故障原因。

① 熔丝熔断。

② DC/DC 模块电路故障。

③ 分线盒电路故障。

④ 辅助蓄电池线束故障。

⑤ DC/DC 模块故障。

（三）故障排查

1. 检查辅助蓄电池电压

1）操作启动开关使电源模式至 OFF 状态。

2）用万用表测量辅助蓄电池电压，标准电压为 11~14V。

若正常，则进行下一步检查；若异常，则更换辅助蓄电池或为辅助蓄电池充电。

2. 检查电机控制器熔丝 IF18、EF32 和辅助蓄电池正极柱头熔丝是否熔断

1）将电源开关置于 OFF 档位，拔出熔丝 EF32、IF18 和辅助蓄电池正极柱头熔丝。

2）使用万用表测量熔丝 EF32、IF18 和辅助蓄电池正极柱头熔丝是否熔断，标准值小于 1Ω。若正常，则进行下一步检查；若异常，则检修熔丝电路，更换额定容量熔丝。

3. 检查电机控制器低压电源电压

1）将电源开关置于 OFF 档位，断开电机控制器线束插接器 BV11。

2）将电源开关置于 ON 档位，使用万用表测量电机控制器线束插接器 BV11 的端子 25 与车身地间的电压值，标准电压为 11~14V。

3）测量电机控制器线束插接器 BV11 的端子 26 与车身地间的电压值，标准电压为 11~14V。若正常，则进行下一步检查；若异常，则修理或更换线束。

4. 检查电机控制器接地电阻

1）将电源开关置于 OFF 档位，断开电机控制器线束插接器 BV11。

2）使用万用表分别测量电机控制器线束插接器 BV11 的端子 1、11 与车身地间的电阻值，标准值小于 1Ω。若正常，则进行下一步检查；若异常，则修理或更换线束。

5. 检查分线盒线束

1）将电源开关置于 OFF 档位，断开辅助蓄电池负极电缆、电机控制器高压线束插接器

BV28、直流母线线束插接器 BV29（分线盒侧）的连接。

2）使用万用表测量电机控制器高压线束插接器 BV28 的端子 1 和直流母线线束插接器 BV29 的端子 1 之间的电阻值，标准值小于 1Ω。

3）测量电机控制器高压线束插接器 BV28 的端子 2 和直流母线线束插接器 BV29 的端子 2 之间的电阻值，标准值小于 1Ω。

若异常，则更换分线盒总成；若正常，则进行下一步检查。

6. 检查 DC/DC 变换器与辅助蓄电池之间的电路

1）将电源开关置于 OFF 档位，断开辅助蓄电池负极电缆，断开电机控制器线束插接器 BV12，断开辅助蓄电池正极电缆。

2）使用万用表测量电机控制器线束插接器 BV12 和辅助蓄电池正极电缆之间的电阻值，标准值小于 1Ω。

若正常，则进行下一步检查；若异常，则修理或更换线束。

7. 更换电机控制器

1）将电源开关置于 OFF 档位，断开辅助蓄电池负极电缆。

2）更换电机控制器。

3）确认故障排除。

项目四 新能源汽车充电站的设计与运行

充电站是为新能源汽车进行能量补充的站点,其重要性就如加油站对于传统燃油汽车一样。通过本项目的学习,学生应能熟悉充电站的电能补给技术,准确地讲述充电站的服务对象、电能补给方式、对充电设备的要求以及充电站的组成、功能、设计和选址要求。

学习任务一　新能源汽车充电站的认知

任务描述

技术人员小杨对刚招聘的新能源汽车维修工学徒进行一段时间培训后,准备着手对他们进行新能源汽车充电站认知方面的培训。小杨需要准备哪些培训内容,才能够让这些新能源汽车维修工学徒对新能源汽车充电站有完整的认知?

学习目标

1)能准确地讲述新能源汽车充电站的结构及功能。
2)能准确地讲述新能源汽车充电站的服务对象。
3)能正确地讲述新能源汽车充电站电能的补给方式。
4)培养学生爱岗敬业、团队协作的意识和一专多能的职业素养。

相关知识

一、新能源汽车充电站的结构

新能源汽车充电站是具有特定控制功能和通信功能的将电能传送到新能源汽车的设施。它能够以快充或慢充方式对新能源汽车进行充电,或者将动力蓄电池从车上取下后进行集中充电,此外还有较高的安全等级、远程监控能力、良好的人机交互功能、电价计量与缴费功能及消除因作为大功率非线性负载而导致的网侧谐波污染的能力等,因此新能源汽车充电站的总体结构较为复杂。

（一）新能源汽车充电站的组成

新能源汽车充电站主要由供配电设施、充电机、监控系统、安全防护设施和其他配套设施等组成,公共充电站还应包括营业场所,如图4-1-1所示。其中,供配电设施由高压配电柜、变压器、低压开关柜及其电力、控制电路等组成。供配电系统为电动汽车充电机及充电站内照明、控制和办公等其他设备的运行提供所需要的电能,是整个充电站正常工作的基础。配电系统的容量应包括新能源汽车充电站的动力用电及监控、照明和办公等设施的用电。根据《国家电网

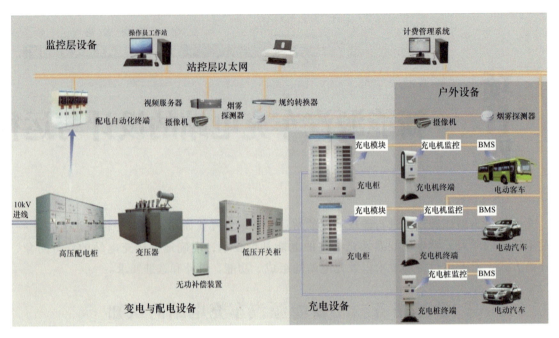

图 4-1-1 新能源汽车充电站的组成

公司电动汽车充电设施建设指导意见》的要求，大型充电站的配电系统应符合常规配电装置的要求，电力负荷级别为 2 级，采用双路 10kV 高压交流电源供电，不配置后备电源，10kV 侧采用单母线接线或单母线分段接线形式，并设置断路器互为备用，有两组配电变压器，输入为 10kV/50Hz，输出为 0.4kV/50Hz。中型充电站的进线电源采用 10kV 单路供电，10kV 侧采用单母线接线的方式，采用真空断路器高压配电柜；小型充电站则采用单路 0.4kV 电源供电，设置户外供电箱。

充电系统可方便、快速、安全、高效和智能地为电动汽车的动力蓄电池组补给电能，因而是整个充电站的核心部分。充电技术的提高对电动汽车续驶能力的增加和普及推广具有重要的意义。充电系统的配置必须满足各种类型动力蓄电池组的充电需求，在充电区完成电能的补给，内部建设充电平台、充电机及充电站监控系统的网络接口，同时应配备整车充电机。充电设备包括非车载充电机、蓄电池更换设备和计费装置等，用以提供动力蓄电池组充电所需的电源。充电系统的主体为电能变换器，其功能是将供配电系统提供的交流或直流电能变换为适宜动力蓄电池充电所需的直流输出，作为动力蓄电池组的充电电源。充电系统应能自动识别不同种类和电压等级的动力蓄电池组，以便调节相应的直流输出值，满足各种动力蓄电池组的充电需求，这一过程主要由电能变换环节中的控制单元和蓄电池管理系统（BMS）完成。此外，充电系统的电能变换控制部分应实现与电能计量装置、蓄电池管理系统、人机交互界面和充电监控系统之间的通信，以便完善充电机的充电控制和功能。

监控系统对充电机、配电设备等进行监控，对站内视频监视、烟雾报警及其他设备进行管理。配电设备监控系统采用 CAN 总线与中央控制系统进行数据交换，一方面将实时检测到的配电系统的运行状态参数传输给中央控制系统，另一方面可接受中央控制系统发来的控制指令，以便当配电系统或充电站的其他系统出现故障时，配电系统能按指令做出适当的处理。充电机监控系统主要将充电过程中充电机的控制参数和动力蓄电池组的参数传输给中央控制系统，由后者进行数据分析、报表打印及传输对充电机的启停控制等指令。由于动力蓄电池组在充电时的故障通常表现为冒烟或燃烧，因此烟雾报警监视系统是对拆卸替换下来的动力蓄电池组进行集中充电时的必备装置，可在发生危险时及时发出报警信号。视频监视系统针对整个充电站内各主要设备的外表、场地和相关人员等进行监视，以免发生事故。

（二）新能源汽车充电站的功能

新能源汽车充电站的基本功能包括供配电、充电、充电过程和配电设备监控、计量、站内设备管理和通信，拓展功能包括计费。

新能源汽车充电站可分为公共充电站和专用充电站两种。公共充电站为社会电动汽车提供充电服务，专用充电站为特定范围的专用电动汽车提供充电服务。图 4-1-2 所示为电动汽车社区充电站。

二、充电站的服务对象

电动汽车充电站的结构、运营模式取决于主要服务对象的电动车辆类型及用途，根据主要服务电动车辆种类的不同，充电站在设计、供配电容量、充电站存放充电机的数量、充电站场地大小、充电站场地规划以及各种配套辅助设施的设置等方面都会有所不同。例如，主要服务对象是电动公共汽车的充电站，其场地充电机的布置间隙由于公共汽车的体积原因肯定是大于主要服务对象是小型电动汽车的充电站，在此基础上对应的辅助设施、供配电容量也会根据充电站布置充电机的多少、服务对象车辆的数量来决定。因此，充电站在规划、设计和建造前，一定要充分分析该充电站所服务车辆的种类、运行特性以及其潜在的电能扩容量。

图 4-1-2　电动汽车社区充电站

三、电能补给技术

（一）电能补给方式

电动汽车的电能补给通常有两种方式：整车充电模式和动力蓄电池快换模式。

1. 整车充电模式

整车充电模式指充电动力蓄电池组随电动汽车进入充电站，直接将充电电缆的插头与充电机相连进行充电，当电动汽车充电完成后，动力蓄电池组随电动汽车驶离充电站的充电模式。这种电能补给方式操作简单、方便，充电过程无其他技术需求，充电人员均可像给传统燃油汽车加油一样自助完成整个充电过程。这种电能补给方式的缺点也相对明显，因车辆进行充电过程中动力蓄电池组与充电电缆相连接，整个充电过程车辆都处在充电模式，无法尽快恢复行驶。这对于具备运营目标的电动车辆来讲将大幅度降低其车辆利用率，同时降低车辆工作时间，造成企业和司乘人员的经济损失。此外，这种充电模式不利于保持动力蓄电池组的均衡性及延长动力蓄电池组的使用寿命。图 4-1-3 所示为电动汽车整车充电模式。

图 4-1-3　电动汽车整车充电模式

2. 动力蓄电池快换模式

动力蓄电池快换模式指电动汽车进入充电站后，相关技术人员将电量不足的动力蓄电池组从车辆上卸下，然后将充电站中与充电车辆相配对的已充满电的动力蓄电池组进行安装，更换过程完成后电动汽车即可上路行驶，而被替换下来的动力蓄电池组则可在充电站中进行集中充电或送往具备相应充电条件的其他充电站进行集中充电。这种电能补给方式保证了具备运营目标的车辆对充电时间缩短的要求，可大幅度提高其车辆的使用效率，同时因为这种电能补给方式采用专用的动力蓄电池组集中充电模式，具备有利于保持动力蓄电池特性、延长动力蓄电池的使用寿命的优点。

综上所述，为动力蓄电池组考虑电能补给方式时，应综合考虑电动汽车的种类、运行特点、对动力蓄电池组性能的影响、配置设备的成本、人力、电能补给的费用等各种因素，既可以采取单一的方式，也可以多种方式相结合，从而形成优化充电策略和简化充电过程，同时减少充电成本的综合性方案。

（二）电能补给方式的选择

由于电动汽车具有不同种类、用途及运行特性，充电站对不同电动车辆的充电模式、场地布置、相关的辅助设施等也会出现差异。以下根据不同种类的电动汽车的运行特点分别介绍其各自的充电需求和电能补给方式的选择。

1. 服务于公共交通领域及大型活动的车辆

服务于公共交通领域及大型活动的车辆通常包括电动公交车、出租车、各园区和赛事区间车等，这类车辆往往拥有较长的运行时间和距离，具备停运时间短、对充电时间要求高的特点。现今的充电技术难以保证对应车辆一次充电后能够运行一天的行驶需求，对于这类车辆，将整车充电与动力蓄电池快换充电两种模式相结合，根据车辆具体运行情况选择合理的充电模式，将起到减少电能补给时间、提高运营收入的效果。

（1）电动公交车　公交车往往起始站点班次的数量较多，排队等待的时间也较长，因此，电动公交车的电能补给方式可以选择在车站内部长时间排队停靠时，采用车载充电动力蓄电池快速充电的电能补给方式；而在客流高峰期、需要连续运营、不能过长时间停靠的情况下，尽可能采用更换动力蓄电池的电能补给方式来快速进行电能的补充；在夜间车辆多数停运或班次较少、停靠时间长的情况下，采用进行慢速充电的方式，以减少对动力蓄电池组使用寿命的不利影

图 4-1-4　电动公交车在充电站进行集中充电

响。图 4-1-4 所示为电动公交车在充电站进行集中充电。

（2）出租车　出租车的行驶里程较远，行驶路线具有随机性，动力蓄电池电量消耗大，一天运营过程中可能需要多次充电，而长时间充电或充电站距离过远都会大幅度降低出租车司机的收益，因此，应根据其一次充满电量后的行驶里程在城区范围内建设相应的充电设施，保证出租车能够及时获得电能补给。图 4-1-5 所示为比亚迪电动出租车。

图 4-1-5　比亚迪电动出租车

（3）特殊园区用车 此类车辆行驶范围或路线固定，但活动期间使用频繁，需要根据其运行情况采取适当的方式给其进行电能补给，例如其在运行时采用整车快充的方式进行电能补给，而夜间停运的时候进行慢充回电。

2. 私家车、公务车、景区和公共事业用车

私家车、公务车、景区和公共事业用车通常在行驶里程或使用频率上低于上一类车辆，一次充电基本可以满足其一天运行需求，一般停运时都在固定的区域（小区车库、单位固定车位、固定存放点等），此时可采取整车慢充的方式进行电能补给，这样不仅可以减少对动力蓄电池组使用寿命的影响，也满足了车辆的日常运行电能需求，当车辆在夜间充电时还利用夜间低谷电价降低了成本。同时，如遇见特殊情况，这种车辆能够利用社会已有的充电设施进行快速充电。

（1）景区、环卫及公共事业用车 此类车辆无论在运行里程还是运行时间上都相对固定且有限，一次充电基本可以满足全天的行驶需求，通常利用夜间低谷电价的优势进行充电，遇见特殊情况可以利用其他充电设施进行电能补给。图 4-1-6 所示为新能源洗扫车。

图 4-1-6 新能源洗扫车

（2）电动私家车和政府公务用车 此类车辆从行驶距离上来讲，通常比电动公交车和出租车要短，一次充满电后基本可以满足整天运行需求，如有特殊情况可以利用城区范围内建设的充电设施进行快速电能补给；这类车辆通常夜间停运，同时基本停放在固定车库或停车场，因此可以利用设置在车库或停车场的慢速充电设施结合夜间低谷时段电价进行整车慢速充电的电能补给方式。

 拓展延伸

蔚来第 1000 座超级充电站正式上线

2021 年 10 月 30 日，上海 1788 广场超充站正式上线，至此蔚来充电站总数正式突破 1000 座大关。蔚来充电网络东起佳木斯，西至伊宁，南起三沙市，北至漠河，覆盖全国 202 座城市，为用户提供便捷的出行加电体验。自从 2018 年 1 月 17 日上线第一个超级充电站以来，在近 4 年的时间完成了建设 1000 座的目标。

目前，蔚来打造的充电桩拥有最大 180kW 和 250A 的强劲性能，官方宣称从 20% 电量充至 80% 电量仅需半小时。它能在公共场景下为新能源汽车提供快速、智能、可靠的充电服务，支持即插即充与扫码充电，操作支付流程快捷。

学习任务二 新能源汽车充电站的运行规范

 任务描述

现在越来越多的新能源汽车充电站被建设，例如广东省深圳市民用充电站新增的 172 个充电桩正式投入运营，至此，这个由南方电网公司等多家单位联合运营的电动汽车充电站已拥有充电桩 637 个，成为全球规模最大的电动汽车充电站。作为一名新能源汽车技术人员，请给大家讲

讲充电站的运行规范。

 学习目标

1）能准确地讲述新能源汽车充电站对直流充电桩的要求。
2）能准确地讲述新能源汽车充电站对交流充电桩的要求。
3）能准确地讲述新能源汽车充电站对供配电系统的要求。
4）能正确地认识新能源汽车充电站的设计要求及布置要求。
5）能正确地进行新能源汽车充电站的选址。
6）培养学生工匠精神，能够用发展的眼光服务社会。

 相关知识

一、新能源汽车充电站对充电设备的要求

对于电动汽车来说，动力蓄电池的充电设备是其重要的子系统之一，随着技术的进步，电动汽车的充电装置越来越多样，其中最为常见的分类是车载充电装置和非车载充电装置两种。图 4-2-1 和图 4-2-2 所示分别为车载充电机与非车载充电机。在新能源汽车越来越普及的现在，新能源汽车充电站的建设数量越来越多。新能源汽车充电站中常见的充电设备分别是直流充电桩、交流充电桩以及交直流一体化充电桩等。

图 4-2-1 车载充电机

图 4-2-2 非车载充电机

（一）直流充电桩

图 4-2-3 所示为直流充电桩，其具体功能及要求参照《电动汽车非车载传导式充电机技术条件》（NB/T 33001—2018）。为了保证人员及设备使用安全，充电桩必须具备紧急停机功能。除自身具有手动急停功能以外，充电桩本身具备与充电站监控系统相连的停机功能，能够实现区域内的远程紧急停机。紧急停机后的充电桩不能自动恢复电能补给功能，只有在技术人员诊断确认相应危险解除后，才能手动恢复其充电功能。选择充电桩时，应着重注意充电接口的安全防护措施，包括防触电、防雨、防尘等。充电桩与蓄电池管理系统的正确通信是保证连接安全和充电安全的必

图 4-2-3 直流充电桩

要措施,因此通信接口必须采用 CAN 等符合国家标准的通信协议接口。直流充电桩的布置与安装除满足安全性和便利性要求外,还要根据充电站的整体布置因地制宜。

总体来说,直流充电桩应满足以下技术要求以达到使用安全的目的:

1) 充电桩电源输入电压:三相四线 AC 380V±15%,频率 50Hz±5%。
2) 充电桩输出为直流电,输出电压满足充电对象的动力蓄电池制式要求。
3) 最大输出电流满足充电对象的动力蓄电池制式 IC 的充电要求并向下兼容。
4) 充电方式分为常规和快速 2 种,常规为 5h 充电方式,快速为 1h 充电方式(针对不同动力蓄电池类型选择)。
5) 实现智能 IC 管理。
6) 每个充电桩自带操作器,以供用户进行充电方式选择和操作指导,并能显示动力蓄电池状态和用户 IC 卡资费信息,实现无人管理。
7) 充电桩接口应符合国家或行业标准的相关规定。
8) 充电桩通信接口采用 CAN 通信接口,通信协议按照国家或行业标准的相关规定执行。
9) 充电桩对充电过程中的非正常状态应具备相应的报警和保护功能。
10) 充电桩应对动力蓄电池的状态要进行监控,根据动力蓄电池的温度、电压对充电曲线、充电电流和充电电压自动调整。
11) 充电桩采用强制风冷。
12) 充电桩防护等级符合国家或行业标准的相关规定要求。

(二) 交流充电桩

图 4-2-4 所示为交流充电桩。现今国内外主流电动汽车生产厂商生产的电动汽车车载充电机的交流供电电源主要采用单相 220V 交流电压,少数采用三相 380V 交流供电,车载充电机的功率一般在 3kW 左右。

图 4-2-4 交流充电桩

1. 交流充电桩的结构和功能要求

1) 交流充电桩具有外部手动设置参数和实现手动控制的功能和界面,并能显示各种运行状态的相关信息,包括运行状态、充电电量、计费信息等,以方便使用者操作。
2) 为了保证充电过程中操作者、电动汽车及动力蓄电池的安全,交流充电桩应具备急停开关,并具有过负荷保护、短路保护、漏电保护、自检及故障报警等功能。
3) 交流充电桩配置交流电能表以及 IC 卡读卡装置,从而实现交流充电桩的充电控制及充电计量、计费功能。
4) 交流充电桩具备与上级监控管理系统的通信接口,可方便上级监控系统的集中统一管理。

2. 交流充电桩的安装和布置要求

1) 交流充电桩是一种高压大功率的电器电子设备,为了使用安全,电源进线宜采用阻燃电缆及电缆护管,并应安装具有漏电保护功能的空气开关。
2) 交流充电桩采用单相 220V 交流供电电源时,多台交流充电桩的电源接线应考虑供电电源三相平衡,以免影响电网质量。
3) 落地式充电桩安装基础离地高度要求须考虑充电桩的安全要求。
4) 室外安装的充电桩宜采取必要的防雨和防尘措施,有利于延长设备的使用寿命,方便充电操作。

(三) 供配电系统

1. 充电站配电系统的一般要求

1) 中低压配电系统一般采用单母线或单母线分段接线。运行经验证明，中低压配电系统采用单母线接线或单母线分段接线，能够满足供电可靠性的要求。

2) 低压断路器具有短路保护和过负荷保护功能，可以带负荷进行投切，其附件能实现模拟量和开关量的输入和输出。为防止不同电源并联运行，来自不同电源的低压进线断路器之间以及进线断路器与分段断路器之间，应设机械闭锁和电气联锁装置。

3) 低压进线断路器应具备三段保护功能和接地保护功能，能满足保护动作的选择性要求。低压进线断路器宜设置分励脱扣装置，便于电网企业对充电站的统一调度管理。

4) 对重要用电设备采用放射式供电，保证其供电可靠性，减少其他负荷故障或检修的影响范围。

5) 选用体积小、占地少、可靠性高的供电设备是未来发展趋势，也符合绿色电网的理念。

2. 配电线路的要求

1) 采用铜芯电缆。

2) 基于安全运行，三相回路选用五芯电缆、单相回路选用三芯电缆，N线与PE线不共用。考虑到谐波电流和低压负荷不平衡等情况，要求电缆中性线截面与相线截面相同。

3) 为防止电缆在施工及运行中可能出现的机械损伤或受到较大的压力，电力电缆宜采用钢带铠装。单芯电缆不应采用导磁性材料铠装，以避免涡流损耗。

4) 为防止出现涡流损耗，需采取技术措施。即单芯电缆不宜单根穿钢管敷设，当需要单根穿管时，应采用非导磁管材，也可采用经过磁路分隔处理的钢管。

二、新能源汽车充电站的设计

(一) 新能源汽车充电站设计要考虑的因素

电动汽车大型综合充电站通常供配电容量大、功能完善，但占用场地面积较大，因此投资建设和运营成本都较高。新能源汽车充电站在建成后不仅要满足客户的充电需求，消除其对充电不便的顾虑，同时要为电动汽车的推广起到示范效应和推动作用。因此，新能源汽车充电站在规划和设计时，必须审慎考虑各种因素、权衡利弊后确定适宜的方案。影响新能源汽车充电站设计的因素主要有以下几个方面。

1. 新能源汽车充电站的规划与布局

新能源汽车充电站的规划与布局应该结合所在城市建设与发展的总体规划，可适当超前、以满足未来一段时间内电动汽车发展的需要。此外，与电力、交通、市政等部门相互协调，将供配电网、道路交通和人口密度等方面的发展情况统一纳入到城市规划中，这样既可为充电站的运营提供可靠的电力供应保障、提高充电站的安全性和稳定性，也能够在建成后达到预想的服务能力。除了建设综合大型充电站外，还可依托当地已有的社会停车场和公交车始发站等专用停车场，因地制宜地建设中小规模的充电站，作为缓解大型充电站负荷，分散充电车辆及方便就近充电的有效措施。

2. 新能源汽车充电站的功能定位

大型综合充电站应提供整车充电和动力蓄电池快换两种电能补给方式，具备对充电机的运行状态进行实时监测与传输、远程监控、人机交互、充电电量计量及费用支付等功能，需要配置快速充电机、动力蓄电池组拆卸设备、动力蓄电池组集中充电与存储平台、通信与计量系统、视频安防系统等。中小型充电站可以适度简化功能，以降低建设和运营成本。

3. 新能源汽车充电站的容量

应根据建设用地的大小、现有电动汽车的种类与规模等，考虑未来一定时期内充电需求的增加量等因素，在综合分析和计算的基础上得出需要配备的快速充电机的数量及动力蓄电池组集中充电设施的规模，确定充电站的电能容量。与此对应，新能源汽车充电站各组成系统的设计必须满足此容量的要求，包括供配电输入功率、线路的接线方式、变压器的种类与容量、继电保护装置的选择、谐波抑制的措施及抑制装置的功率等都需要与此相适应。

4. 新能源汽车充电站的建设与运营成本

由于需要配套专门的供电线路、较大的建设用地和专业设备等，新建大型综合充电站一般需要投入大量资金，但随着电动汽车的发展，充电需求会日趋旺盛，因此在后期有利于运营收入的提高。此外，应该意识到这类充电站并不仅仅是商业运营的设施，而且也是倡导环保理念、增强汽车产业可持续发展能力的体现，应兼顾经济与社会效益。

5. 新能源汽车充电站的技术标准

限制电动汽车产业快速发展的因素之一就是缺乏统一、能够得到广泛认可和采纳的行业技术标准，例如作为电动汽车能源载体的动力蓄电池就有铅酸蓄电池、锂离子蓄电池和镍氢电池等多种类型，即使是同一类型的动力蓄电池，存在充电曲线和使用性能的不同，各动力蓄电池生产厂家的产品的容量及技术指标也不同，这就给充电系统的设计带来困难，难以兼顾并满足各类动力蓄电池的充电需求，无法有效降低生产成本。此外，各厂家生产的电动汽车配置的充电插头在形式及充电通信协议方面往往也不相同，这给一些需要进行整车快速充电的用户造成了不便。因此，亟待建立统一的充电设备电气接口及通信协议等相关技术标准，扩展通用性，从而节省建设与运营成本。

6. 新能源汽车充电站对供配电网和环境等的影响

（1）大型综合充电站对供配电网的影响　主要有以下两个方面。

1）谐波污染。由于充电站内的充电机对供配电网来说是非线性负载，在工作过程中会产生谐波电流，不仅会降低供配电网的电能质量，还会导致电网侧功率因数下降。因此，充电站在设计之初就应充分评估谐波的影响程度，考虑是否采用及采取何种谐波抑制和无功补偿技术。

2）对供配电网平衡性的影响。电动公交车、出租车和私家车等车辆的运行主要集中在白天的工作时间，由于正值运营高峰期、需要以快速充电或更换动力蓄电池组的方式补给电能，更换下来的大量动力蓄电池组需要及时、快速地充满电量，以备随时替换，这就使得充电站的负载波动明显、用电功率激增，会对供配电网产生较大的电流冲击和不平衡，而且这一时段也是城市用电的高峰期，充电站用电负载的增加将进一步加重城市电网的负荷。因此，若能充分利用晚间城市用电低谷、充电站大多数快速充电机空闲的时段对动力蓄电池组进行慢速充电，既有利于动力蓄电池的维护，延长其使用寿命，也起到了错峰用电、平衡电网的作用，同时可享受低谷时段的优惠电价，降低运营成本。

（2）新能源汽车充电站对周围环境的影响　主要表现在电磁干扰和安全隐患等方面，因此设计时要考虑周边是否有对电磁干扰敏感的设备及人员，避开医院、加油站等重要设施及人口稠密区域，从而减少充电站对周围环境的不利影响、排除安全隐患。

7. 新能源汽车充电站使用的安全性和方便性

由于新能源汽车充电站内设有大量强电设备，必须保证相关人员和设备的安全；同时，应使充电过程更加智能化和自动化，减少人为干预环节并增加容错能力，充电机与电动汽车充电接口的插拔件应设计合理，使连接和断开操作简单、安全。

（二）新能源汽车充电站的设计原则

根据以上对大型综合充电站设计时要考虑的因素的分析，可得到这类充电站的设计原则，具体包括以下几个方面。

1）充电站的总体结构包括配电室、充电室、监控室、动力蓄电池更换区、动力蓄电池充电区、动力蓄电池维护与存储区等，选址应在电动汽车使用集中的区域，方便用户及时充电。

2) 应靠近为其提供电能的输变电站，从而缩短输电线路的长度，减小电缆阻抗的不利影响。

3) 应提供整车快速充电和动力蓄电池组快速更换两种电能补给方式，以便满足不同种类和用途的电动汽车在不同时段的充电需求。此外，要保持电网侧谐波含量低于电能质量的相关标准。为此，必须合理设计供配电系统、充电系统和谐波抑制系统等，其中供配电系统主要涉及配电变压器种类与容量的确定及断路器和继电保护装置的选取等；充电系统涉及高频开关功率变换电路拓扑及控制策略的选择等；谐波抑制系统主要应考虑滤波方式的选择等。另外，新能源汽车充电站应满足环境保护和防火安全等相关要求。

三、新能源汽车充电站的布置

（一）新能源汽车充电站总体规划与布局

新能源汽车充电站总体规划与布局应满足便于电动汽车的出入和充电时停放，保障站内人员和设施的安全。具体有以下要求：

1) 充电区的入口和出口应至少有两条车道与站外道路连接，充电站应设置缓冲距离或缓冲地带便于电动汽车的停放和进出。

2) 充电区单车道宽度不应小于3.5m，双车道宽度不应小于6m。

3) 转弯半径不应小于9m，道路坡度不应大于6%，且坡向站外。

4) 充电设施应靠近充电区停车位设置，电动汽车在充电位充电时不应妨碍站内其他车辆的充电与通行。

5) 充电区应考虑安装防雨设施，以保护站内充电设施、方便进站充电的电动汽车驾乘人员。

（二）充电站的电气设备布置

充电站的电气设备布置应遵循安全、可靠、适用的原则，应便于安装、操作、搬运、检修、实验。具体有以下要求：

1) 充电机、监控室、营业厅应布置在建筑物首层，高压配电柜、变压器、低压开关柜等宜安装在各自的功能房间，以利于电气设备的运行、便于维护管理。

2) 当成排布置的低压开关柜长度大于6m时，柜后应有两个出口通道。

3) 当两个出口之间的距离大于15m时，其间应增加出口；当受到条件限制时，低压开关柜与充电机可安装在同一房间，或将变压器与低压开关柜设置在同一房间，但变压器应选用干式。

4) 当受到条件限制时，变配电设施与充电机可设置在户外组合式成套配电站中，其基础应适当抬高，以利于通风和防水。

5) 变压器室不宜与监控室贴邻布置或位于正下方，不能满足时应采取防止电磁干扰措施，如图4-2-5所示。

图4-2-5 新能源汽车充电站的布置

四、新能源汽车充电站的选址

新能源汽车充电站是中低压配电网的重要组成部分，其站址选择应兼顾电网规划的要求，与电网规划、建设与改造密切结合，以满足电力系统对电力平衡、供电可靠性、电能质量、自动化等方面的要求，结合变电站的建设、改造进行科学、合理的选址。

新能源汽车充电站选址如图4-2-6所示，具体有以下要求：

图 4-2-6 新能源汽车充电站的选址

1）便于供电电源的取得，宜接近供电电源端，便于供电电源线路的进出。

2）公共充电站应选择在进、出车便利的场所，进、出口不设置在主干道或快速路主道旁，不设置在交叉口附近。

3）公共充电站入口和出口应分别设置车道与站外道路连接，充电站与站外市政道路之间应设置缓冲距离，便于电动汽车进出和充电等候。

4）专用电动汽车数量较多时，宜设置专用充电站。

5）电动公交车专用充电站宜设置在公交汽车枢纽站、公交专用停车场附近。

6）充电站应充分利用临近的道路、交通、给排水、消防等公用市政设施。

7）充电站应满足消防安全的要求，与其他建筑物之间有防火间距。

8）充电站不应设在有爆炸危险环境场所的正上方或正下方。

9）充电站不应设在有剧烈振动或高温的场所。

10）充电站不宜设在多尘、水雾或有腐蚀性气体的场所。

11）充电站不应设在厕所、浴场等场所的正下方，安装电气设备的功能用房不应与上述场所贴邻。

12）充电站不应设在室外地势低洼易产生积水的场所和易发生次生灾害的地点。

学习任务三　新能源汽车充电桩的装配与调试

任务描述

某公司近期接到了一大笔新能源汽车充电桩供货业务，因此近期准备对新进人员进行新能源汽车充电设备装配与调试的业务培训，公司把这个培训任务交给了你。你准备如何对他们进行培训，才能让这些新员工短时间内掌握新能源汽车充电设备的装配与调试技能？

学习目标

1）能准确地识别不同类型的充电桩。

2）能准确地完成充电桩元器件装配与线路连接。

3）能准确地完成充电桩的检测与调试。
4）培养学生爱岗敬业、团队协作的意识和一专多能的职业素养。

相关知识

一、充电桩介绍

新能源汽车的充电桩也被称为充电柜或充电栓，其功能类似于传统燃油汽车加油站里面的加油机，可以固定在地面或墙壁，安装于公共建筑（公共楼宇、商场、公共停车场等）和居民小区停车场或车库内。充电桩的输入端与交流电网直接连接，输出端通过充电插头为电动车辆进行充电。充电桩一般可以进行充电方式选择、充电时间设定、费用数据打印等操作，其显示屏能显示当前的充电量、费用、充电时间等相关数据。

充电桩按照安装地点不同可以分为公共充电桩、专用充电桩和自用充电桩。如图4-3-1所示，公共充电桩是建设在公共停车场（库）结合停车泊位为社会车辆提供公共充电服务的充电桩；专用充电桩是建设在单位（企业）自有停车场（库）为单位（企业）内部人员使用的充电桩；自用充电桩是建设在个人自有车位（库）为私人用户提供充电的充电桩。

充电桩按安装方式不同可以分为挂壁式充电桩（图4-3-1）和落地式充电桩。挂壁式充电桩适合安装在靠近墙体的停车位；落地式充电桩适合安装在不靠近墙体的停车位，图4-3-2所示的公共充电桩即为落地式充电桩。

图 4-3-1　挂壁式充电桩

图 4-3-2　公共充电桩

充电桩按充电方式分不同可分为直流充电桩、交流充电桩和交直流一体充电桩。直流充电桩安装在车体外，其输入电压采用三相四线 AC 380V（1±15%）、频率为 50Hz，输出为可调节的直流电，可以不经过车载充电机直接为动力蓄电池充电，其输出的电压和电流调整范围大，充电较快，因此也被称为直流快充桩；交流充电桩一般固定安装在车体外，与交流电网连接，为电动汽车车载充电机（即固定安装在电动汽车上的充电机）提供交流电源，充电的功率一般不是很大，因此也被称为交流慢充桩。

二、充电桩的装配

现阶段市场上充电桩的类型不一，其中交流充电桩结构简单、价格经济实惠，所以不少车企随车赠送的充电设备都是交流充电桩。下面以交流充电桩来讲解充电桩的装配流程及注意事项。

1. 交流充电桩元器件的装配与线路连接

（1）场地准备　检查、设置隔离栏、安全警示牌；检查灭火器的压力值。

（2）检查防护套装

1）检查并穿戴绝缘鞋。

2）检查绝缘手套的密封性和耐压等级。

3）检查防护手套、护目镜、安全帽外观是否损伤和其生产日期。

(3) 检查工具套装

1）检查数字绝缘电阻测试仪、接地电阻测试仪、数字万用表的功能是否正常。

2）佩戴绝缘手套与护目镜，检测绝缘垫绝缘性。

(4) 检查充电桩元器件及连接线

1）检查桩体支撑是否平稳；检查交流充电桩外观有无刮痕（大小）、掉漆（程度）、砂眼、孔洞、杂色、变形等。

2）检查桩体内、外是否干净整洁；检查充电枪外观是否完整，有无破损、刮伤，枪盖有无裂纹。

3）检查门轴、门锁是否牢固、灵活，有无歪斜、锈蚀现象。

4）检查充电桩专用测试负载外观有无刮痕（大小）、掉漆（程度）、砂眼、孔洞、杂色、变形等。

5）检查充电桩专用测试负载开关状况、充电接口外观，有无烧蚀、异物等状况。

6）检查辅助继电器模块、主控模块、辅助电源模块、交流接触器模块、智能电表模块、浪涌保护器模块、单相断路器模块、显示屏、LED灯板、读卡器的外观是否完好。

7）检查各连接线、数据线有无破损或裸漏线芯，是否有断路、短路、虚接等情况。

8）检查铜牌及端子等连接处、螺栓螺钉是否变形。

(5) 装配充电桩元器件　部件安装时要确保位置正确、安装牢靠。

1）正确安装显示屏。

2）正确安装 LED 灯板。

3）正确安装读卡器。

4）正确安装急停开关。

5）正确安装门禁开关。

6）正确安装限位卡。

7）正确安装辅助电源模块。

8）正确安装主控模块。

9）正确安装辅助继电器模块。

10）正确安装接线排。

11）正确安装单相断路器模块。

12）正确安装浪涌保护器模块。

13）正确安装智能电表模块。

14）正确安装交流接触器模块。

15）正确安装充电枪。

(6) 充电桩元器件线路连接　选用合适的线束正确连接充电桩各元器件，确保线束布线整齐、安装牢靠，线束均安装到线管内，无裸露的铜线。

2．充电桩的检测与调试

进行充电桩的检测与调试时应注意：

1）在进行绝缘性检测时，应全程佩戴绝缘手套、护目镜并遵守"单手原则"测量。

2）在用绝缘电阻测试仪检测单相断路器负载端L、N线及测智能电表输出侧L（2）线对地绝缘电阻时，应断开外壳接地螺钉。

3）在测量辅助电源模块、主控模块、显示屏电源线对地测电阻时，应拔下辅助电源 12V 输出线。

4）每次测试的结果应在仪表读数稳定后记录。

充电桩检测与调试的记录表见表 4-3-1。

表 4-3-1　充电桩检测与调试的记录表

序号	作业内容	记录内容
1	L 与 N 线检查	①单相断路器： 输入侧： L 线对地绝缘电阻标准值：大于 100MΩ 结果判断：□正常　□不正常 N 线对地绝缘电阻标准值：大于 100MΩ 结果判断：□正常　□不正常 L 线对 N 线电阻标准值：无穷大 结果判断：□正常　□不正常 负载端： L 线对地绝缘电阻标准值：大于 100MΩ 结果判断：□正常　□不正常 N 线对地绝缘电阻标准值：大于 100MΩ 结果判断：□正常　□不正常 L 线对 N 线电阻标准值：大于 100MΩ 结果判断：□正常　□不正常 L 线对智能电表输入侧 L(1) 线电阻标准值：小于 1Ω 结果判断：□正常　□不正常 L 线对浪涌防护器输入侧 L 线电阻标准值：小于 1Ω 结果判断：□正常　□不正常 L 线对辅助电源输入侧 L 线电阻标准值：小于 1Ω 结果判断：□正常　□不正常 N 线对交流接触器输入侧(3)N 线电阻标准值：小于 1Ω 结果判断：□正常　□不正常 N 线对交流接触器线圈输出侧(A2)N 线电阻标准值：小于 1Ω 结果判断：□正常　□不正常 ②智能电表输出侧： L 线(2)对地绝缘电阻标准值：大于 100MΩ 结果判断：□正常　□不正常 L 线(2)对交流接触器输入侧 L(1)线电阻标准值：小于 1Ω 结果判断：□正常　□不正常 ③交流接触器输出侧： L 线(2)对地绝缘电阻标准值：大于 100MΩ 结果判断：□正常　□不正常 N 线(4)对地绝缘电阻标准值：大于 100MΩ 结果判断：□正常　□不正常 L 线(2)对 N 线(4)电阻标准值：无穷大 结果判断：□正常　□不正常 L 线(2)对充电枪侧 L1 线电阻标准值：小于 1Ω 结果判断：□正常　□不正常 N 线(4)对充电枪侧 N 线电阻标准值：小于 1Ω 结果判断：□正常　□不正常

(续)

序号	作业内容	记录内容
2	接地电阻值（在右侧表格中选择测试对象并填写实测值）	①桩门与桩体 PE 接点： 电阻标准值：小于 1Ω 结果判断：□正常 □不正常 ②浪涌保护器 PE 接点： 电阻标准值：小于 1Ω 结果判断：□正常 □不正常 ③充电枪 PE 接点： 电阻标准值：小于 1Ω 结果判断：□正常 □不正常 ④主控板 PE 接点： 电阻标准值：小于 1Ω 结果判断：□正常 □不正常
3	12V 电源线短路检查	辅助电源模块： 电源线对地电阻标准值：3±0.5kΩ 结果判断：□正常 □不正常 主控板： 电源线对地电阻标准值：3±0.5kΩ 结果判断：□正常 □不正常 显示器： 电源线对地电阻标准值：3±0.5kΩ 结果判断：□正常 □不正常

3. 充电桩通电调试

充电桩通电调试时应注意：

1）通电后测试时，应全程佩戴绝缘手套、护目镜和安全帽。
2）根据负载设置功率要求，选择供电导线标准线径为 4mm²。
3）测量交流电压时，应选用万用表的交流电压档。
4）每次测试的结果应在仪表读数稳定后记录，高压部分测量时应遵守"单手原则"。

充电桩通电调试的记录表见表 4-3-2。

表 4-3-2 充电桩通电调试的记录表

序号	作业内容	记录内容
1	检测供电环境	应使用万用表（交流电压档）测量墙壁插座供电电压： 标准供电标准电压：AC 220V 左右 结果判断：□正常 □不正常
2	电路复检，判断是否供电	根据接线检查结果判断： □可以供电 □不能供电
3	未合闸时电源电压检查	单相断路器输入侧： L 线对 N 线标准电压：AC 220V 左右 结果判断：□正常 □不正常 负载端： L 线对 N 线标准电压：0V 结果判断：□正常 □不正常

（续）

序号	作业内容	记录内容
4	灯板通电检查（自检系统）	电源指示灯亮 结果判断：□正常　□不正常 连接指示灯亮 结果判断：□正常　□不正常 充电指示灯亮 结果判断：□正常　□不正常 故障指示灯亮 结果判断：□正常　□不正常 通信指示灯亮 结果判断：□正常　□不正常
5	12V电源电压检查	辅助电源模块： 电源线对地标准电压：(12±0.5)V 结果判断：□正常　□不正常 主控板： 电源线对地标准电压：(12±0.5)V 结果判断：□正常　□不正常 显示器： 电源线对地标准电压：(12±0.5)V 结果判断：□正常　□不正常
6	显示屏通电检查	屏幕亮： 结果判断：□正常　□不正常
7	紧急停机检查	故障指示灯亮： 结果判断：□正常　□不正常

4. 充电桩参数设置

充电桩通电调试正常后，即可进行充电桩参数设置。

单击欢迎界面左上角区域进入维护界面，如图4-3-3所示。在维护界面可进行参数设置，信息查询，记录清除以及桩体信息、联系方式、使用说明等信息查询。

图4-3-3　充电桩维护界面

选择参数设置，要输入管理员密码才能进入到参数设置界面，如图4-3-4所示。输入默认的管理员密码666666，充电桩会进入参数设置界面。

进入参数设置界面后，可进行费率设置、密码设置、时段设置、系统设置、时钟设置、保护设置、通信设置、恢复默认，如图4-3-5所示。

项目四 新能源汽车充电站的设计与运行

图 4-3-4 充电桩密码输入界面

图 4-3-5 充电桩参数设置界面

费率设置：可设置 4 种费率金额和服务费率，如图 4-3-6 所示。

密码设置：管理员可设置更换密码，输入出厂原始密码 666666，再设置新密码，如图 4-3-7 所示。本机设定密码为 6 位数字，超出范围输入无效。

图 4-3-6 费率设置界面

图 4-3-7 密码设置界面

时段设置：有 12 个时间段和对应费率金额，时间段定义为该时段开始至下一时段开始的时间段。本机设定各时段的输入范围为当天 24h 内，超出范围输入无效，单击确认保存，如图 4-3-8 所示。

系统设置：设置充电桩的充电枪数量、输入电压等参数，如图 4-3-9 所示。请勿随意更改，否则会导致充电桩故障而不能正常使用。

图 4-3-8 时段设置界面

图 4-3-9 系统设置界面

时间设置：可以更改屏幕当前时间，出厂前时间均有校准，如图 4-3-10 所示。请勿随意更改，可能会导致系统功能异常。

保护设置：可以设置充电桩过电压、欠电压、过电流等数据，如图 4-3-11 所示。

通信参数设置：可以设置充电桩的通信参数，如图 4-3-12 所示。

恢复默认：所有设置信息均恢复到出厂状态（充电记录不会清除），如图 4-3-13 所示。

5. 充电桩充电测试

刷卡用户单击"刷卡启动"图标后进入充电模式选择界面。充电模式一般有 4 种：自动充满模式、电量模式、时间模式和金额模式，如图 4-3-14 所示。

图 4-3-10　时间设置界面

图 4-3-11　保护设置界面

图 4-3-12　通信参数设置界面

图 4-3-13　恢复默认界面

自动充满模式：按自动充电方式进行充电。该充电方式下若没有人为中止充电，则会在动力蓄电池充满电后自动停止充电。

电量模式：进入到电量模式设置界面，单击输入栏空白处，手动设置充电电量，如图 4-3-15 所示，充电桩将按照用户设置的电量开始充电，充至设定电量时自动跳转到结束充电页面。

图 4-3-14　模式选择界面

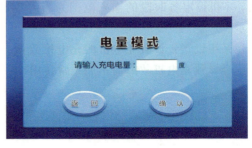
图 4-3-15　电量模式界面

时间模式：进入到时间模式设置界面，单击输入栏空白处，手动设置充电时长，如图 4-3-16 所示，充电桩将按照用户设置的充电时长开始充电，充至设定时长时自动跳转到结束充电页面。

金额模式：进入到金额模式设置界面，单击输入栏空白处，手动设置充电金额，如图 4-3-17 所示，充电桩将按照用户设置的充电金额开始充电，充至设定金额时自动跳转到结束充电页面。

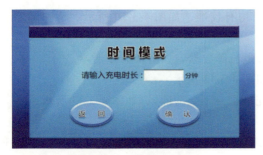
图 4-3-16　时间模式界面

图 4-3-17　金额模式界面

充电模式选定后，可选择即时启动或者预约启动。

即时启动会马上开始充电。

预约充电：进入到预约充电设置界面，单击输入栏空白处，手动设置预约充电开始时间，如图4-3-18所示，到达用户设置的时间时充电桩开始充电，充满电则自动跳转到结束充电页面。本机设定充电预约时间的输入范围为00：00—23：59，超出范围输入无效。

选定即时启动或者预约启动设置完成后，进入刷卡界面，如图4-3-19所示。

图4-3-18　预约充电界面

图4-3-19　刷卡界面

刷完卡后，系统将按照设置好的充电模式开始充电。如果系统未出现故障，也没有人为中止充电，则充至用户设置的参数后自动停止充电。在所有充电模式设置下，动力蓄电池充满电后自动停止充电。单击返回按钮，将回到模式选择界面。

将有效的充电卡靠近刷卡区，听到滴的一声后刷卡成功，系统启动充电，页面跳转到充电中信息显示界面，实时显示充电中信息，如图4-3-20所示。

单击"结束充电"按钮，则进入到充电结束刷卡界面，如图4-3-21所示。

图4-3-20　充电中信息显示界面

图4-3-21　充电结束刷卡界面

将有效的充电卡靠近刷卡区，听到滴的一声后刷卡成功，系统停止充电并结算，页面跳转到结账确认界面，实时显示此次充电的结算信息，如图4-3-22所示。单击"确认"后，系统返回开始界面。

充电桩充电测试的记录表见表4-3-3。

图4-3-22　结账确认界面

表 4-3-3 充电桩充电测试的记录表

序号	作业内容	记录内容
1	刷卡通电	显示屏跳转到"充电启动方式界面" 结果判断：□正常　□不正常 显示屏跳转到"充电选择模式界面" 结果判断：□正常　□不正常 刷卡有响应，蜂鸣器响 结果判断：□正常　□不正常
2	自动充电测试	标准电压：AC 220±10V 结果判断：□正常　□不正常 标准电流：(13.85±2) A 结果判断：□正常　□不正常 标准实时电量：能充电 0.01 度以上 结果判断：□正常　□不正常 标准金额：能充电 0.01 元以上 结果判断：□正常　□不正常
3	按时间充电测试 （1min）	标准电压：AC 220±10V 结果判断：□正常　□不正常 标准电流：(13.85±2) A 结果判断：□正常　□不正常 标准实时电量：0.05 度 结果判断：□正常　□不正常 标准金额：0.05 元 结果判断：□正常　□不正常
4	按金额充电测试 （0.02 元）	标准电压：AC 220±10V 结果判断：□正常　□不正常 标准电流：(13.85±2) A 结果判断：□正常　□不正常 标准实时电量：0.02 度 结果判断：□正常　□不正常 标准金额：0.02 元 结果判断：□正常　□不正常
5	按电量充电测试 （0.01 度）	标准电压：AC 220±10V 结果判断：□正常　□不正常 标准电流：(13.85±2) A 结果判断：□正常　□不正常 标准实时电量：0.01 度 结果判断：□正常　□不正常 标准金额：0.01 元 结果判断：□正常　□不正常
6	重启充电桩查询	配置参数已保存 结果判断：□正常　□不正常 充电历史记录正确 结果判断：□正常　□不正常

6. 复位工位

清洁、整理工具、量具、设备、场地。

参 考 文 献

[1] 李伟，刘强，王军. 新款电动汽车构造原理与故障检修 [M]. 北京：化学工业出版社，2018.
[2] 孙旭，陈社会. 新能源汽车概论 [M]. 北京：机械工业出版社，2017.
[3] 姜顺明. 新能源汽车基础 [M]. 北京：北京大学出版社，2015.
[4] 任春晖，李颖. 新能源汽车辅助系统检修 [M]. 北京：机械工业出版社，2018.
[5] 赵振宁，柴茂荣. 新能源汽车技术 [M]. 北京：人民交通出版社股份有限公司，2017.
[6] 杨效军，朱小菊. 电动汽车结构与原理 [M]. 北京：机械工业出版社，2019.
[7] 敖东光，宫英伟，陈荣梅. 电动汽车结构原理与检修 [M]. 北京：机械工业出版社，2019.
[8] 许云，赵良红. 新能源汽车动力蓄电池及充电系统检修 [M]. 北京：机械工业出版社，2018.
[9] 冯月崧. 新能源汽车充电设施安装与维护 [M]. 北京：人民交通出版社股份有限公司，2018.
[10] 姜久春. 电动汽车充电技术及系统 [M]. 北京：北京交通大学出版社，2017.
[11] 门保全. 电动汽车 [M]. 湘潭：湘潭大学出版社，2010.
[12] 简玉麟，沈有福. 电动汽车使用与安全防护 [M]. 北京：机械工业出版社，2018.

新能源汽车充电系统构造与检修

任 务 工 单

班级_____

学号_____

姓名_____

目 录

项目一　新能源汽车充电系统的认知与使用 ·· 1
　学习任务一　充电设备的认知 ·· 1
　学习任务二　新能源汽车充电操作 ··· 5

项目二　新能源汽车充电方式及原理认知 ·· 14
　学习任务一　新能源汽车充电方式认知 ··· 14
　学习任务二　新能源汽车充电原理认知 ··· 17

项目三　新能源汽车充电系统的结构、原理与检修 ··· 23
　学习任务一　快充系统的结构、原理与检修 ··· 23
　学习任务二　慢充系统的结构、原理与检修 ··· 28
　学习任务三　高、低压转换系统的故障检修 ··· 35

项目四　新能源汽车充电站的设计与运行 ·· 40
　学习任务一　新能源汽车充电站的认知 ··· 40
　学习任务二　新能源汽车充电站的运行规范 ··· 42
　学习任务三　新能源汽车充电桩的装配与调试 ·· 44

项目一 新能源汽车充电系统的认知与使用

学习任务一　充电设备的认知

一、判断题

（1）新能源汽车充电设备是指与电动汽车或动力蓄电池相连接，并为其提供电能的设备。（　　）

（2）非车载充电机是指安装在新能源汽车车内，将电网的交流电转换成直流电，采用传导方式为动力蓄电池组充电的装置。（　　）

（3）交流充电桩是指固定安装在新能源汽车车体外，只提供电力输出，没有充电功能，需连接车载充电机为电动汽车充电的装置。（　　）

（4）用于新能源汽车的充电装置，不必考虑防止动力蓄电池系统单体电压和温度超过允许值的技术措施。（　　）

（5）制约电动汽车发展及普及的最关键问题之一是动力蓄电池的性能和应用水平。（　　）

（6）充电桩所使用的铁质材料都应当采取防氧化措施，非铁质的金属外壳可以不用防止高温氧化。（　　）

（7）在目前动力蓄电池不能直接提供更长续驶里程的情况下，如果能够实现动力蓄电池充电快速化，从某种意义上就解决了电动汽车续驶里程短这个弱点。（　　）

（8）室外充电桩需要面对风雨交加的恶劣环境，需要更好的绝缘性和避雷条件，其防护等级起码要达到IP32才可保障人身安全、车身安全和充电桩安全。（　　）

（9）交流充电桩应具备输出侧过电流和短路保护功能。（　　）

（10）选用对动力蓄电池没有伤害的充电控制策略和性能稳定的充电装置，是保障动力蓄电池使用寿命达到设计指标的措施之一。（　　）

二、填空题

（1）新能源汽车充电桩的类型一般分为_____、_____和_____等。

（2）_____是指固定安装在新能源汽车上运行，将电网的交流电转换成直流电，采用传导方式为动力蓄电池组充电的装置。

（3）_____是指固定安装在新能源汽车车体外，与交流电网连接，将电网的交流电转换成直流电，可以为新能源汽车提供直流电源的装置。

（4）提高充电装置电能转换效率的主要技术措施是选择_____，提高充电装置的____，尽可能地降低输出电流的交流分量并采用高效的充电控制算法。

（5）动力蓄电池的使用寿命除了与_____制造技术、制造工艺和动力蓄电池成组的一致性等因素有较大关系外，还与_____的性能直接相关。

（6）交流充电可以分为_____和_____两种，其充电接口相同。

（7）交流充电桩应选用厚度_____钢组合结构，表面采用浸塑处理并充分考虑散热的标准。

（8）在《电动汽车传导充电系统　第1部分：通用要求》（GB/T 18487.1—2015）第三部分充电系统的术语和定义部分给出了_____和_____两个主要概念，主要包含4种充电模式和3种连接方式。

（9）交直流一体化充电桩在白天充电业务多时可使用_____进行快速充电，夜间充电业务少时可使用_____进行慢充电。

（10）车载充电机在_____、_____的状态下，功率因数应大于0.92，效率应该大于90%。

📖 任务实施

一、维修作业前准备

在实训任务开展前，严格按照此步骤对防护装备、绝缘工具、高压危险指示牌等进行检查。

检查方法	检查结果
检查防护用具是否缺失、破损	
检查绝缘工具是否齐全，绝缘胶套是否破损	
检查实训现场是否摆放高压危险指示牌或其他高压警示标识	
如需拆卸维修开关，检查是否有专人进行保管或在特定位置摆放，防止在进行维修作业时，其他人员插上维修开关造成安全事故	

二、维修作业实施

注意：以下维修作业在涉及高压系统时，不能带电操作，如果需要检查高压系统，一定要穿戴好个人防护用具，按规范进行检查。

1. 在下表中填写交流充电接口各端子的功能。

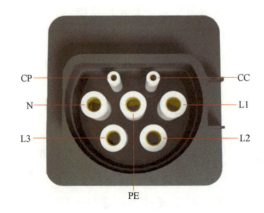

（续）

线束端子号	端子的功能
L1	
L2	
L3	
N	
CP	
PE	
CC	

2. 在下表中填写交流充电接口触点电气参数额定值（有斜线地方不用填）。

触点标示	额定电压和电流	
	单相	三相
L1		
L2		
L3		
N		
PE		
CP		
PP		

3. 在下表中填写直流充电接口各端子的功能。

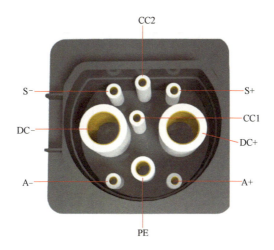

（续）

线束端子号	端子功能
DC+	
DC-	
PE	
S+	
S-	
CC1	
CC2	
A+	
A-	

4. 在下表中填写直流充电接口触点电气参数额定值（有斜线地方不用填）。

触点标示	额定电压和额定电流
DC+	
DC-	
PE	～
S+	
S-	
CC1	
CC2	
A+	
A-	

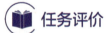

任务评价

评分项目	评分标准	自我评价			小组评价			教师评价		
		优秀 （25分）	良好 （15分）	一般 （10分）	优秀 （25分）	良好 （15分）	一般 （10分）	优秀 （25分）	良好 （15分）	一般 （10分）
知识目标	1. 知道新能源汽车对充电设备的具体要求 2. 知道各种充电设备相关的国家标准 3. 知道交、直流充电接口相关的国家标准									
能力目标	1. 能够准确地辨认不同类型的充电设备 2. 能准确地讲述交、直流充电接口各端子的功能									

(续)

评分项目	评分标准	自我评价			小组评价			教师评价		
		优秀(25分)	良好(15分)	一般(10分)	优秀(25分)	良好(15分)	一般(10分)	优秀(25分)	良好(15分)	一般(10分)
职业素养	1. 能够查阅维修手册或相关资料准确地找到所需知识 2. 能够与他人交流或介绍相关内容 3. 在工作组内服从分配、担当责任并能协同工作									
工作规范6S	1. 清理及整理工具、量具、车辆，保持实训场地的整洁 2. 建立安全操作环境 3. 物品回收与环保处理 4. 检查、完善工作单									
总评	满分100分									

学习任务二　新能源汽车充电操作

任务准备

一、选择题

（1）电动汽车一般有（　　）充电接口。

A. 1个　　　　　B. 2个　　　　　C. 3个　　　　　D. 4个

（2）直流充电枪有（　　）端子。

A. 7个　　　　　B. 8个　　　　　C. 9个　　　　　D. 10个

（3）直流充电柜插头接线端子中CC2的作用是（　　）。

A. 充电连接确认线　　　　　　　B. 保护性接地线

C. 充电通信CAN-H线　　　　　 D. 无法确定

（4）关于充电安全事项，以下做法很危险的是（　　）。

A. 发现充电枪插头内有积水时应马上擦干，确保插头干燥再充电

B. 尽量选择在晴天充电，避免在雷暴雨天充电

C. 发现充电插头松了，绕两圈绑紧继续充电

（5）直流充电枪上的卡扣的作用是（　　）。

A. 固定充电枪与充电座的连接，防止脱落　　B. 为了美观，外观装饰作用

C. 防水　　　　　　　　　　　　　　　　　D. 无法确定

（6）比亚迪E5壁挂式单相交流充电盒故障指示灯的作用是（　　）。

A. 指示充电盒是否处于故障状态

B. 指示充电盒是否处于充电状态

C. 指示充电盒状态，当充电盒带电时，该指示灯点亮

（7）单相交流充电枪采用国标（　　）孔制，端子L2和L3空置，进行交流充电操作时，需按下充电枪上端按钮再进行插接。

A. 7　　　　　　　B. 8　　　　　　　C. 9

（8）充电桩一般分为直流充电桩和（　　）。

A. 交流充电桩　　　　B. 车载充电机　　　　C. DC/DC 转换器

(9) 交流 7kW 充电桩的额定电流是（　　）。

A. 30A　　　　　B. 16A　　　　　C. 32A

(10) 下列属于交流慢充充电枪接口端子的是（　　）。

A. L　　　　　B. D+　　　　　C. D−

(11) 在使用交流充电桩进行充电时，发生紧急情况时应（　　）。

A. 拔出充电枪　　　B. 按下急停开关　　　C. 无法确定

(12) 交流充电桩插头接线端子中 CP 端子的作用是（　　）。

A. 充电控制确认线　　　　　　　B. 保护性接地线

C. 充电通信 CAN-H 线　　　　　D. 无法确定

(13) 国标交流充电桩充电枪插头的防护等级是（　　）。

A. IP67　　　　B. IP54　　　　C. IP66　　　　D. IP44

(14) 交流充电枪上的卡扣的作用是（　　）。

A. 固定充电枪与充电座的连接，防止脱落

B. 为了美观，外观装饰作用

C. 防水

D. 无法确定

(15) 正确掌握充电时间，以下说法不正确的是（　　）。

A. 充电时间越长，电量越满

B. 红灯亮时，应立即停止充电

C. 参考平时充电频次，充电时间与充电电量

二、填空题

(1) 直流充电柜的外部主要有＿＿＿＿、＿＿＿＿、充电开关旋钮、充电枪和＿＿＿＿＿＿等部件。

(2) 比亚迪壁挂式单相交流充电盒由＿＿＿＿、急停开关、＿＿＿＿等组成。

(3) 使用＿＿＿＿＿＿可以直接利用 220V 家用电源对车辆进行充电，＿＿＿＿主要由充电插头、充电主控器、电源输入端等组成。

(4) 直流充电柜充电指示灯起提示作用，其中＿＿＿＿表示待机中，＿＿＿＿表示正在充电中，＿＿＿＿表示故障。

(5) 交流充电桩的＿＿＿＿可以泄放因雷击或者其他原因产生的过量电能，避免损坏设备。

(6) 直流充电柜的＿＿＿＿是高压交流输入的第一级开关，可以切断和接通负荷电路，起安全保护作用。

(7) 直流充电插头上配置着一个锁止开关，其作用是＿＿＿＿。

(8) 新能源汽车上的交流充电系统一般通过＿＿＿＿、＿＿＿＿或家用供电插座接入交流电，再利用＿＿＿＿将交流电转为直流高压电给动力蓄电池进行充电。

(9) 交流充电桩的外部结构主要由＿＿＿＿、＿＿＿＿、＿＿＿＿、充电插头等组成。

(10) 壁挂式三相交流充电盒由触摸显示屏、＿＿＿＿、＿＿＿＿、充电插头、＿＿＿＿、IC 卡读写器等组成。

任务实施

一、维修作业前准备

在实训任务开展前严格按照此步骤对防护装备、绝缘工具、高压危险指示牌等进行检查。

检查方法	检查结果
检查防护用具是否缺失、破损	
检查绝缘工具是否齐全,绝缘胶套是否破损	
检查实训现场是否摆放高压危险指示牌或其他高压警示标识	
如需拆卸维修开关,检查是否有专人进行保管或在特定位置摆放,防止在进行维修作业时,其他人员闭合维修开关造成安全事故	

二、维修作业实施

注意:以下维修作业在涉及高压系统时,不能带电操作,如果需要检查高压系统,一定要穿戴好个人防护用具,按规范进行检查。

1. 根据下列步骤完成车辆的直流充电。

检修项目	步骤画面	是否完成
将车辆驶入充电位停好,将电源档位置于OFF档		□是 □否
打开直流充电接口盖		□是 □否
按下锁止按钮,取出充电插头		□是 □否

（续）

检修项目	步骤画面	是否完成
把充电枪插入充电接口，听到"咔"的响声，代表卡扣已经卡到卡槽中，确认已连接完成		□是 □否
查看组合仪表充电指示灯是否亮		□是 □否
把充电柜上的开关旋钮置于 ON 档，充电柜上的充电指示灯显示绿色，即可启动充电		□是 □否
充电过程中，组合仪表显示相关的充电参数及画面		□是 □否

（续）

检修项目	步骤画面	是否完成
当充满电时，充电柜会自动停止充电，充电柜上的充电指示灯熄灭	把充电柜上的开关旋钮置于OFF档，充电柜上的充电指示灯熄灭　ON　OFF	□是　□否
按下充电插头的锁止按钮，拔出充电插头		□是　□否
将充电插头插回直流充电柜		□是　□否
合上直流充电插座的保护盖		□是　□否

2. 根据下列步骤完成车辆的交流充电。

检修项目	步骤画面	是否完成
车辆驶入充电位停好,将电源档位置于 OFF 档		□是 □否
打开车辆交流充电插座的舱盖和保护盖		□是 □否
按下锁止按钮,取出充电插头		□是 □否
把充电插头对齐充电插座,插入车辆交流充电插座		□是 □否

项目一　新能源汽车充电系统的认知与使用

（续）

检修项目	步骤画面	是否完成
查看组合仪表充电指示灯是否亮	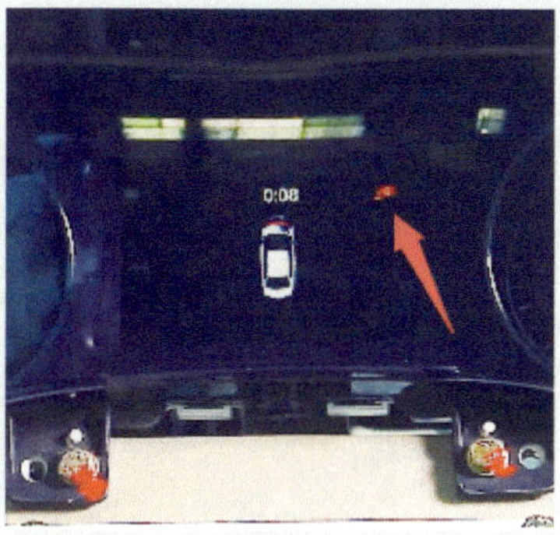	□是　□否
当家用充电机上的准备指示灯亮时,按下启动按钮,同时充电指示灯闪烁	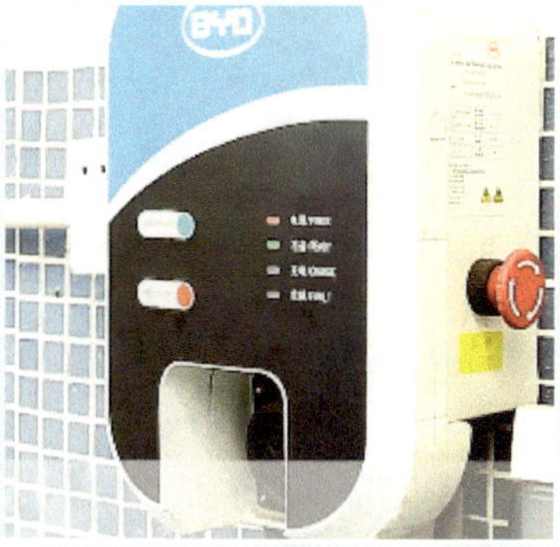	□是　□否
充电过程中,组合仪表显示相关的充电参数及画面	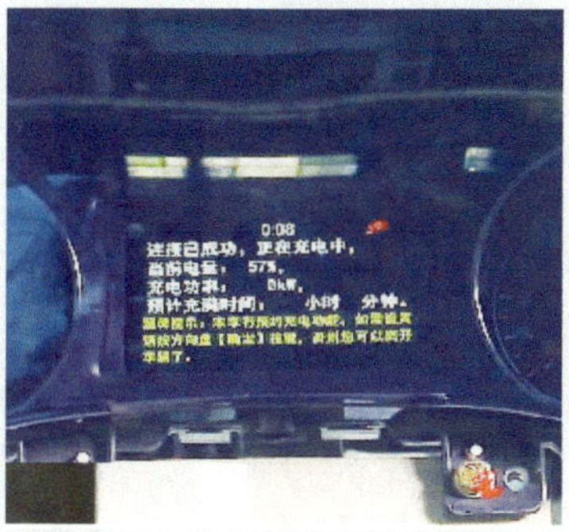	□是　□否
按下停止按钮或电量已充满,结束充电	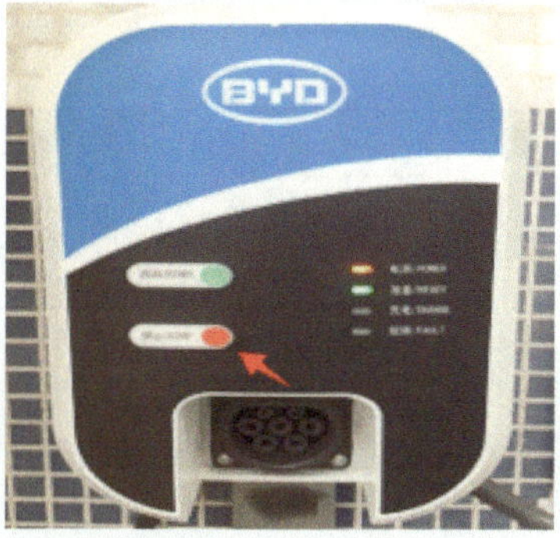	□是　□否

课堂笔记

(续)

检修项目	步骤画面	是否完成
按下充电插头的锁止按钮,拔出充电插头		□是 □否
将充电插头插回交流充电盒		□是 □否
合上交流充电插座的保护盖和舱盖		□是 □否

任务评价

评分项目	评分标准	自我评价			小组评价			教师评价		
		优秀(25分)	良好(15分)	一般(10分)	优秀(25分)	良好(15分)	一般(10分)	优秀(25分)	良好(15分)	一般(10分)
知识目标	1. 掌握直流充电柜的结构 2. 掌握交流充电桩的结构 3. 掌握挂壁式交流充电盒的结构 4. 掌握随车充电包的结构									

(续)

评分项目	评分标准	自我评价			小组评价			教师评价		
		优秀 (25分)	良好 (15分)	一般 (10分)	优秀 (25分)	良好 (15分)	一般 (10分)	优秀 (25分)	良好 (15分)	一般 (10分)
能力目标	1. 能正确地利用直流充电柜对车辆进行充电 2. 能正确地利用交流充电桩对车辆进行充电 3. 能正确地利用挂壁式交流充电盒对车辆进行充电 4. 能正确地利用便携随车充电包对车辆进行充电									
职业素养	1. 能够查阅维修手册或相关资料准确地找到所需知识 2. 能够与他人交流或介绍相关内容 3. 在工作组内服从分配、担当责任并能协同工作									
工作规范6S	1. 清理及整理工具、量具、车辆，保持实训场地的整洁 2. 建立安全操作环境 3. 物品回收与环保处理 4. 检查、完善工作单									
总评	满分100分									

项目二　新能源汽车充电方式及原理认知

学习任务一　新能源汽车充电方式认知

任务准备

一、判断题

（1）恒流充电是指充电过程中使充电电流保持不变的充电方法。（　　）

（2）高速率充电即在3h内给蓄电池充满电的方法。这种充电方法需要自动控制电路保护动力蓄电池不损坏。（　　）

（3）涓流充电可用来弥补动力蓄电池在充满电后由于自放电而造成的容量损失。（　　）

（4）为补偿动力蓄电池包自放电，可使动力蓄电池保持在近似完全充电状态下连续小电流充电。（　　）

（5）最小电流充电是指在能使深度放电的动力蓄电池有效地恢复容量的前提下，把充电电流尽可能地调整到最小的方法。（　　）

（6）直流充电方式是以直流电形式将电能通过专用直流充电接口直接储存到动力蓄电池内，因此不经过车载充电机。（　　）

（7）无线充电技术允许电动汽车在不使用电线或电缆的情况下自动连入电网进行充电。（　　）

二、填空题

（1）恒流充电具有较大的适应性，容易将动力蓄电池完全充足，有益于延长动力蓄电池的_____。

（2）恒流充电的缺点是在充电过程中，需要根据_____的动力蓄电池电动势调节_____，以保持电流不变，充电时间也较长。

（3）恒流充电是一种标准的充电方法，有_____、_____、_____和_____4种充电方法。

（4）涓流充电可用来弥补动力蓄电池在充满电后由于自放电而造成的_____。

（5）恒流充电指先以_____进行充电，当动力蓄电池包电压上升至_____时，充电机自动转换为_____，直到充电完毕。

（6）恒压充电指充电过程中保持_____不变的充电方法。充电电流随动力蓄电池电动势的升高而减小。

（7）合理的_____，应在动力蓄电池即将充足时使其充电电流趋于0。

（8）如果电压过高，会造成充电初期充电_____和_____；如果电压过低，则会使动力蓄电池_____。

（9）恒压充电的优点是_____，充电过程无需调整电压，较适合于_____。

（10）恒压充电的缺点是不容易将动力蓄电池完全充足，充电初期的_____对极板会有不利影响。

（11）充电接口按照充电类型可划分为_____和_____。

（12）交流充电常见形式有两种：一种是_____，采用三孔插座充电；另一种是_____。

（13）交流充电系统主要包括_____、_____、充电桩等。

（14）直流充电系统由_____、_____、_____和_____组成。

（15）按充电原理划分，目前无线充电方式共有3种：_____、_____和无线电波式充电。

📖 任务实施

一、维修作业前准备

在实训任务开展前严格按照此步骤对防护装备、绝缘工具、高压危险指示牌等进行检查。

检查方法	检查结果
检查防护用具是否缺失、破损	
检查绝缘工具是否齐全，绝缘胶套是否破损	
检查实训现场是否摆放高压危险指示牌或其他高压警示标识	
如需拆卸维修开关，检查是否有专人进行保管或在特定位置摆放，防止在进行维修作业时，其他人员闭合维修开关造成安全事故	

二、维修作业实施

注意： 以下维修作业在涉及高压系统时，不能带电操作，如果需要检查高压系统，一定要穿戴好个人防护用具，按规范进行检查。

1. 在下表中填写吉利帝豪EV450动力蓄电池低压线束插接器CA69各端子的定义。

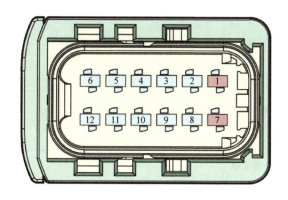

线束端子号	端子定义
1	
2	
3	

(续)

线束端子号	端子定义
4	
6	
7	
9	
10	
11	
12	

2. 在下表中填写各序号部件的名称。

序号	部件名称	部件作用
1		
2		
3		
4		
5		

任务评价

评分项目	评分标准	自我评价			小组评价			教师评价		
		优秀 (25分)	良好 (15分)	一般 (10分)	优秀 (25分)	良好 (15分)	一般 (10分)	优秀 (25分)	良好 (15分)	一般 (10分)
知识目标	1. 熟悉动力蓄电池的充电方法 2. 知道新能源汽车充电方式 3. 知道新能源汽车充电的注意事项及安全警告									
能力目标	1. 能准确地讲述蓄电池的充电方法 2. 能准确地讲述新能源汽车的充电方式 3. 能准确地讲述新能源汽车充电的注意事项及安全警告 4. 能选择正确的充电方法为电动汽车充电									

(续)

评分项目	评分标准	自我评价			小组评价			教师评价		
		优秀(25分)	良好(15分)	一般(10分)	优秀(25分)	良好(15分)	一般(10分)	优秀(25分)	良好(15分)	一般(10分)
职业素养	1. 能够查阅维修手册或相关资料准确地找到所需知识 2. 能够与他人交流或介绍相关内容 3. 在工作组内服从分配、担当责任并能协同工作									
工作规范6S	1. 清理及整理工具、量具、车辆，保持实训场地的整洁 2. 建立安全操作环境 3. 物品回收与环保处理 4. 检查、完善工作单									
总评	满分100分									

学习任务二　新能源汽车充电原理认知

任务准备

一、选择题

（1）吉利帝豪EV450电动汽车的车载充电机安装在（　　）。
A. 前机舱内　　　　B. 行李舱　　　　C. 无法确定

（2）在对高压部件进行维修时，需要操作起动开关使电源模式至"（　　）"状态。
A. OFF　　　　　　B. ON　　　　　　C. 无法确定

（3）起动车辆前应确保充电枪已经（　　），充电接口内盖和充电接口外盖已经关闭。
A. 闭合　　　　　　B. 断开　　　　　　C. 连接

（4）车载充电机是将（　　）转换为动力蓄电池所需的直流电，并决定了充电功率和效率的关键部件。
A. 直流电　　　　　B. 交流电　　　　　C. 无法确定

（5）吉利帝豪EV450电动汽车的车载充电系统由（　　）、蓄电池管理控制器和动力蓄电池组等组成。
A. 交流充电接口　　　　　　　B. 直流充电接口
C. 车载分线盒　　　　　　　　D. 电机控制器

（6）比亚迪e5电动汽车的车载充电系统由（　　）等组成。
A. 交流充电接口　　　　　　　B. 直流充电接口
C. 充配电总成　　　　　　　　D. 动力蓄电池组

（7）吉利帝豪EV450电动汽车的车载充电系统的功能包括（　　）、充电锁功能和制动能量回收等。
A. 快充（直流高压充电）　　　B. 慢充（交流高压充电）
C. 低压充电　　　　　　　　　D. 智能充电
E. 制动能量回收

(8) 在充电过程中，车载充电机能保证动力蓄电池的（　　）不超过允许值。
A. 温度　　　　　　B. 充电电压　　　C. 电流

(9) 车载充电机由（　　）等部分组成。
A. 交流输入端口　　B. 低压辅助单元　C. 功率单元　　　D. 控制单元
E. 直流输出端口

二、判断题

(1) 快充充电一般 30~50min 可充电 80%。（　　）

(2) 慢充充电一般为 13~14h 可充满。（　　）

(3) 为防止车辆充电过程中充电枪丢失，车辆具有充电枪锁功能。（　　）

(4) 充电枪插入充电接口后，不需要驾驶人按下智能钥匙闭锁按钮，充电枪防盗功能也会开启。（　　）

(5) 高压上电前，低压电路系统依赖 12V 铅酸蓄电池供电。（　　）

(6) 长期停放的车辆容易造成辅助蓄电池亏电，需要人工给辅助蓄电池充电。（　　）

(7) 装有能量回收系统的车辆在滑行或制动过程中，驱动电机从驱动状态转变成发电状态，将车辆的动能转换为电能储存在动力蓄电池中。（　　）

(8) 充电效率指动力蓄电池在一定放电条件下放电至某一截止电压时放出的容量与输入的容量的比值。（　　）

📖 任务实施

一、维修作业前准备

在实训任务开展前严格按照此步骤对防护装备、绝缘工具、高压危险指示牌等进行检查。

检查方法	检查结果
检查防护用具是否缺失、破损	
检查绝缘工具是否齐全，绝缘胶套是否破损	
检查实训现场是否摆放高压危险指示牌或其他高压警示标识	
如需拆卸维修开关，检查是否有专人进行保管或在特定位置摆放，防止在进行维修作业时，其他人员闭合维修开关造成安全事故	

二、维修作业实施

> **注意**：以下维修作业在涉及高压系统时，不能带电操作，如果需要检查高压系统，一定要穿戴好个人防护用具，按规范进行检查。

1. 充电接口的拆卸：按下列步骤完成充电接口的拆卸。

步骤画面	检修项目	是否完成
	使用中号棘轮扳手、中号短接杆、10号套筒拆卸充电接口舱门总成外部螺栓	□是　□否

（续）

步骤画面	检修项目	是否完成
	打开充电接口舱门，使用中号棘轮扳手、中号长接杆、10号套筒拆卸充电接口舱门总成内部螺栓	□是 □否
	穿戴绝缘手套，拆下交流和直流高压充电线	□是 □否
	使用中号棘轮扳手、中号短接杆、10号套筒拆卸两根接地线的固定螺栓	□是 □否
	使用中号棘轮扳手、中号短接杆、10号套筒拆卸充电接口螺栓	□是 □否

2. 充电接口的安装：按下列步骤完成充电接口的安装。

步骤画面	检修项目	是否完成
	使用中号棘轮扳手、中号短接杆、10号套筒安装充电接口螺栓	□是 □否
	使用中号棘轮扳手、中号短接杆、10号套筒安装两根接地线的固定螺栓	□是 □否
	穿戴绝缘手套，安装交流和直流高压充电线	□是 □否

课堂笔记

（续）

步骤画面	检修项目	是否完成
	打开充电接口舱门，使用中号棘轮扳手、中号长接杆、10号套筒安装充电接口舱门总成内部螺栓	□是　□否
	使用中号棘轮扳手、中号短接杆、10号套筒安装充电接口舱门总成外部螺栓	□是　□否

任务评价

评分项目	评分标准	自我评价			小组评价			教师评价		
		优秀(25分)	良好(15分)	一般(10分)	优秀(25分)	良好(15分)	一般(10分)	优秀(25分)	良好(15分)	一般(10分)
知识目标	1. 掌握常见新能源汽车充电系统的组成 2. 掌握常见新能源汽车充电系统的功能 3. 掌握常见新能源汽车充电系统的工作原理									
能力目标	1. 能准确地识别常见新能源汽车充电系统的组成 2. 能准确地讲述常见新能源汽车充电系统的功能 3. 能准确地讲述常见新能源汽车充电系统的工作原理									

(续)

评分项目	评分标准	自我评价			小组评价			教师评价		
		优秀(25分)	良好(15分)	一般(10分)	优秀(25分)	良好(15分)	一般(10分)	优秀(25分)	良好(15分)	一般(10分)
职业素养	1. 能够查阅维修手册或相关资料准确地找到所需知识 2. 能够与他人交流或介绍相关内容 3. 在工作组内服从分配、担当责任并能协同工作									
工作规范6S	1. 清理及整理工具、量具、车辆，保持实训场地的整洁 2. 建立安全操作环境 3. 物品回收与环保处理 4. 检查、完善工作单									
总评	满分100分									

项目三 新能源汽车充电系统的结构、原理与检修

学习任务一　快充系统的结构、原理与检修

任务准备

一、判断题

（1）直流充电也称为快充或应急充电。（　　）

（2）直流充电是通过车载充电机将交流电网380V交流电转化为直流电后对电动汽车进行充电。（　　）

（3）当直流充电设备接口连接到整车直流充电接口时，直流充电设备发送充电唤醒信号给BMS。（　　）

（4）当直流充电时，VCU根据动力蓄电池的可充电功率，向直流充电设备发送充电电流指令。（　　）

（5）当直流充电时，VCU吸合系统高压正极继电器和高压负极继电器，动力蓄电池开始充电。（　　）

（6）比亚迪E5快充口一般位于发动机舱盖前方车标内部。（　　）

（7）当快充口盖板打开时，仪表充电指示灯应常亮。（　　）

（8）如果快充接口盖板出现问题，车辆无法正常起动。（　　）

（9）快充线束充电接口有7个端子。（　　）

（10）快充过程中输入的220V交流电需要经过直流充电桩的转换整流。（　　）

（11）新能源汽车整车电源处于ON档高压电时，需先进行高压断电后再进行充电。（　　）

（12）交流电经过电表进入到直流充电桩，充电桩与车辆通信成功后，直流充电桩将交流高压电转化为直流高压电直接向动力蓄电池充电。（　　）

（13）快充系统正常充电时，动力蓄电池单体的温度应大于5℃、小于45℃。（　　）

（14）快充系统正常充电时，单体蓄电池最高温度与最低温度差应小于15℃。（　　）

（15）快充系统正常充电时，动力蓄电池单体电压的最高电压与最低电压的压差应小于300mV。（　　）

（16）快充系统正常充电时，实际单体蓄电池最高电压应不大于额定单体电压0.4V。（　　）

二、选择题

（1）新能源汽车快速充电系统主要由快充桩、直流充电接口、（　　）等组成。
A. 充配电总成（或无）　　B. 动力蓄电池　　C. 蓄电池管理器　　D. 高压线束

（2）吉利帝豪EV450电动汽车的快充系统由（　　）组成。

A. 直流充电接口　　　　B. 高压线束　　　C. 动力蓄电池　　　D. 蓄电池管理器

(3) 比亚迪 e5 电动汽车的快充系统由（　　　）等组成。

A. 直流充电接口　　　　B. 配电模块　　　C. 高压线束　　　　D. 动力蓄电池

(4) 充电桩功能类似于加油站里面的加油机，可以固定在地面或墙壁，有（　　　）等形式。

A. 分体式　　　　　　　B. 便携式　　　　C. 壁挂式　　　　　D. 一体式

任务实施

一、维修作业前准备

在实训任务开展前严格按照此步骤对防护装备、绝缘工具、高压危险指示牌等进行检查。

检查方法	检查结果
检查防护用具是否缺失、破损	
检查绝缘工具是否齐全，绝缘胶套是否破损	
检查实训现场是否摆放高压危险指示牌或其他高压警示标识	
如需拆卸维修开关，检查是否有专人进行保管或在特定位置摆放，防止在进行维修作业时，其他人员闭合维修开关造成安全事故	

二、维修作业实施

注意：以下维修作业在涉及高压系统时，不能带电操作，如需检查高压系统，一定要穿戴好个人防护用具，按规范进行检查。

1. 识别下图中的快充接口端子，将其含义及作用填入下表中。

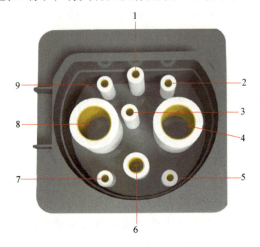

端子号	代表含义	端子作用
1		
2		
3		
4		
5		
6		
7		
8		
9		

2. 比亚迪 e5 电动汽车直流充电接口高压线束检查。

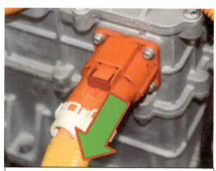

按下开关按钮,向外拨出插接器

测量位置	电阻	标准值
正极线缆两端		小于1Ω
负极线缆两端		小于1Ω

3. 按下列步骤完成吉利 EV450 纯电动汽车直流充电插座的拆卸。

步骤	是否完成
打开前机舱盖,垫上右前翼子板垫布、前保险杠垫布、左前翼子板垫布	□是 □否
断开辅助蓄电池的负极电缆连接,断开车载充电机处直流母线	□是 □否
拆卸左后轮	□是 □否
拆卸左后轮罩衬板	□是 □否
断开动力蓄电池上的直流充电高压线束插接器 	□是 □否
拆卸直流充电高压线束支架固定螺栓1、螺母2,脱开直流充电高压线束支架 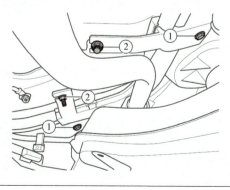	□是 □否

(续)

步骤	是否完成
脱开直流充电高压线束固定线卡1,拆卸动力蓄电池左防撞梁螺栓2,脱开直流充电高压线束固定线卡3	□是 □否
脱开直流充电高压线束4个固定线卡	□是 □否
脱开直流充电高压线束固定线卡1,拆卸直流充电高压线束支架固定螺栓2	□是 □否
脱开直流充电高压线束固定线卡1,拆卸直流充电插座搭铁线束固定螺栓2,脱开搭铁线束,断开直流充电插座线束插接器3	□是 □否

项目三　新能源汽车充电系统的结构、原理与检修

（续）

步骤	是否完成
拆卸直流充电插座 4 个固定螺栓，取出直流充电插座总成	□是　□否

4. 按下列步骤完成吉利 EV450 纯电动汽车直流充电插座的安装。

步骤	是否完成
放置直流充电插座总成，紧固直流充电插座总成 4 个螺栓，紧固力矩：9N·m	□是　□否
安装直流充电高压线束固定线卡 1，紧固直流充电插座搭铁线束固定螺栓 2，紧固力矩：9N·m，连接直流充电插座线束插接器 3。注意：插接时注意"一插、二响、三确认"	□是　□否
安装直流充电高压线束固定线卡 1，紧固直流充电高压线束支架固定螺栓 2，紧固力矩：9N·m	□是　□否
安装直流充电高压线束 4 个固定线卡	□是　□否
安装直流充电高压线束固定线卡 1，紧固动力蓄电池左防撞梁螺栓 2，安装直流充电高压线束固定线卡 3	□是　□否
安装直流充电高压线束支架，紧固直流充电高压线束支架固定螺栓 1、螺母 2，紧固力矩：9N·m	□是　□否
连接动力蓄电池上的直流充电高压线束插接器	□是　□否
安装左后轮罩衬板	□是　□否
安装左后轮	□是　□否
连接车载充电机处直流母线	□是　□否
连接辅助蓄电池负极电缆	□是　□否
关闭前机舱盖	□是　□否

任务评价

评分项目	评分标准	自我评价			小组评价			教师评价		
		优秀(25 分)	良好(15 分)	一般(10 分)	优秀(25 分)	良好(15 分)	一般(10 分)	优秀(25 分)	良好(15 分)	一般(10 分)
知识目标	1. 掌握快充系统部件的名称 2. 掌握快充系统的检修方法									
能力目标	1. 能够实施快充系统的故障诊断 2. 能够实施快充系统的检修									

027

(续)

评分项目	评分标准	自我评价			小组评价			教师评价		
		优秀(25分)	良好(15分)	一般(10分)	优秀(25分)	良好(15分)	一般(10分)	优秀(25分)	良好(15分)	一般(10分)
职业素养	1. 能够查阅维修手册或相关资料准确地找到所需知识 2. 能够与他人交流或介绍相关内容 3. 在工作组内服从分配、担当责任并能协同工作									
工作规范 6S	1. 清理及整理工具、量具、车辆，保持实训场地的整洁 2. 建立安全操作环境 3. 物品回收与环保处理 4. 检查、完善工作单									
总评	满分100分									

学习任务二　慢充系统的结构、原理与检修

任务准备

一、判断题

（1）慢充是将380V交流电经车载充电机转换后输出直流电，对动力蓄电池进行充电的方式。（　　）

（2）慢充是通过家用电源插头和交流充电桩接入交流充电接口，通过车载充电机给动力蓄电池进行充电。（　　）

（3）当车辆处于交流充电模式时，车载充电机检测交流充电接口的CC、CP信号并唤醒BMS。（　　）

（4）当车辆处于交流充电模式时，VCU唤醒车载充电机并发送指令充电，同时闭合主继电器，动力蓄电池开始充电。（　　）

（5）充电桩是电动汽车充电设施的一种，单相充电桩的最大额定功率为7kW。（　　）

（6）交流充电桩按照建设地点的不同可分为壁挂式和直立式。（　　）

（7）交流充电可以分为单相交流充电和三相交流充电两种，其充电接口相同。（　　）

（8）单相交流充电的电源插头端为3个引脚，分别为交流相线、交流零线和接地线。（　　）

（9）单相交流常见的充电形式有两种：一种是家用三孔插座充电，另一种是交流充电桩充电。（　　）

（10）家用三孔插座充电一般功率较小，电流需控制在32A以下。（　　）

（11）交流充电桩输入电流一般最大为16A。（　　）

（12）对于交流充电，当插头与插座互插时，PE最先连接，CC和CP最后连接。（　　）

二、选择题

（1）慢充系统主要由供电设备、交流充电接口、（　　）、低压控制线束等部件组成。

A. 高压线束　　　　B. 车载充电机　　　　C. 配电模块　　　　D. 动力蓄电池

（2）吉利帝豪EV450电动汽车慢充系统由交流充电接口、（　　）等组成。

A. 车载充电机及分线盒　　　　　　　B. 动力蓄电池

C. 蓄电池管理器　　　　　　　　　　D. 高压线束

（3）比亚迪 e5 电动汽车的慢充系统由（　　　）等组成。

A. 交流充电接口　　B. 充配电总成　　C. 动力蓄电池　　D. 蓄电池管理器

（4）交流充电桩主回路由输入（　　　）组成。

A. 保护断路器　　B. 交流智能电能表　　C. 交流控制接触器　　D. 充电接口

（5）比亚迪 E5 慢充控制涉及的部件有供电控制装置、（　　　）、蓄电池管理器等多个部件。

A. 车载充电机　　B. VTOG　　　　C. 高压配电箱　　D. 动力蓄电池包

任务实施

一、维修作业前准备

在实训任务开展前严格按照此步骤对防护装备、绝缘工具、高压危险指示牌等进行检查。

检查方法	检查结果
检查防护用具是否缺失、破损	
检查绝缘工具是否齐全，绝缘胶套是否破损	
检查实训现场是否摆放高压危险指示牌或其他高压警示标识	
如需拆卸维修开关，检查是否有专人进行保管或在特定位置摆放，防止在进行维修作业时，其他人员闭合维修开关造成安全事故	

二、维修作业实施

注意：以下维修作业在涉及高压系统时，不能带电操作，如果需要检查高压系统，一定要穿戴好个人防护用具，按规范进行检查。

1. 识别下图中的慢充接口端子，将其含义及作用填入下表中。

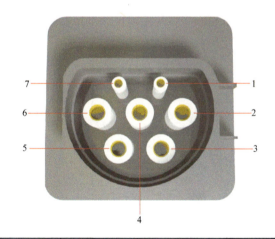

端子号	端子含义	端子作用
1		
2		
3		
4		
5		
6		
7		

2. 比亚迪 e5 电动汽车交流充电接口高压线束检查。

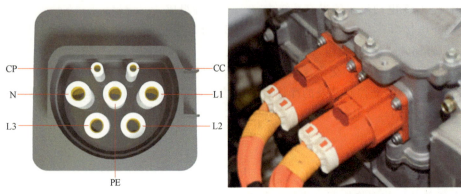

交流充电接口　　　　　　　　　　　　高压电控总成

测量位置	电阻	标准值
交流充电接口 L1-高压电控总成 L1		小于1Ω
交流充电接口 N-高压电控总成 N		小于1Ω
交流充电接口 L2-高压电控总成 L2		小于1Ω
交流充电接口 L3-高压电控总成 L3		小于1Ω

3. 按下列步骤完成吉利 EV450 纯电动汽车交流充电插座的拆卸。

步骤	是否完成
打开前机舱盖,垫上右前翼子板垫布、前保险杠垫布、左前翼子板垫布	□是　□否
断开辅助蓄电池负极电缆连接,断开车载充电机处直流母线	□是　□否
拆卸左前轮	□是　□否
拆卸左前轮罩衬板	□是　□否
断开车载充电机上的交流充电高压线束插接器1,脱开交流充电高压线束插接器卡扣2	□是　□否
断开交流充电高压线束卡扣	□是　□否

（续）

步骤	是否完成
断开交流充电高压线束卡扣	□是　□否
断开交流充电器锁解锁拉线卡扣	□是　□否
断开交流充电插座线束插接器1，断开交流充电插座口盖束插接器2，断开交流充电插座线束插接器3	□是　□否
拆卸交流充电接口盖螺钉，撬起交流充电接口盖卡扣，取出交流充电插座口盖	□是　□否

（续）

步骤	是否完成
拆卸交流充电插座固定螺栓，取出交流充电插座总成 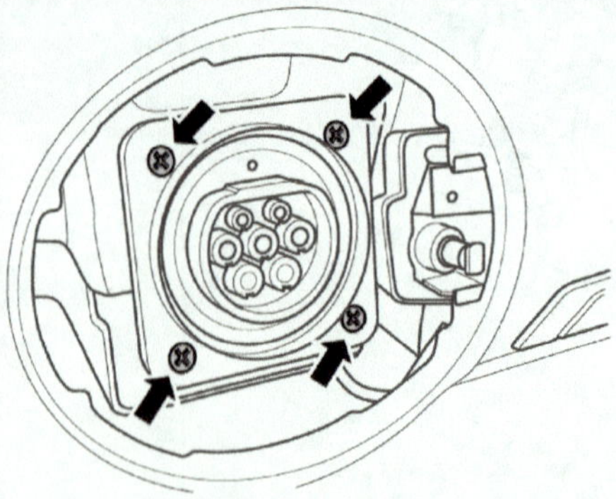	□是 □否

4. 按下列步骤完成吉利 EV450 纯电动汽车直流充电插座的安装。

步骤	是否完成
放置交流充电插座总成，紧固交流充电插座固定螺栓，紧固力矩：9N·m 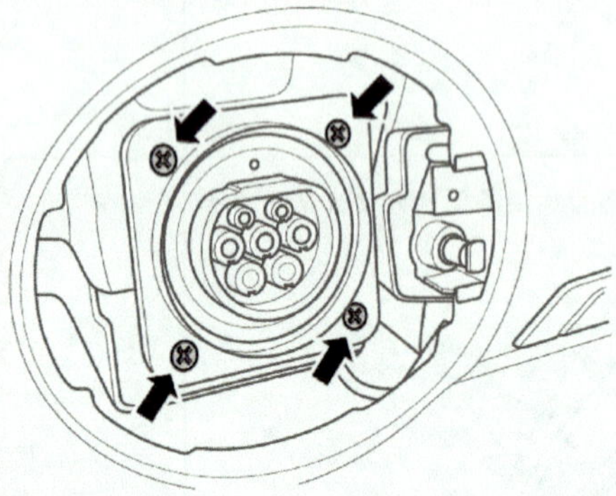	□是 □否
放置交流充电接口盖，紧固交流充电插座口盖螺钉，紧固力矩：5N·m 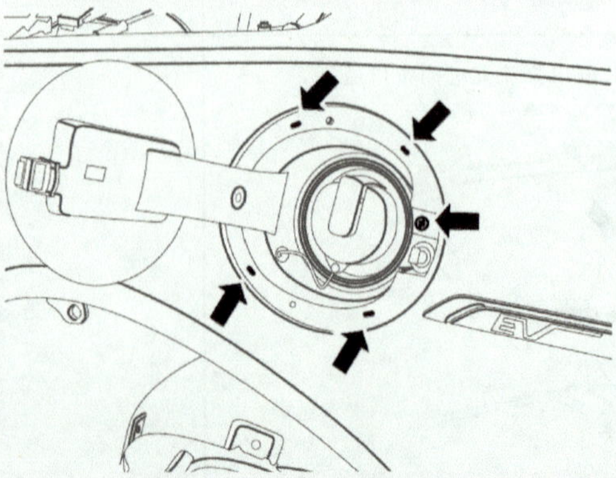	□是 □否

课堂笔记

（续）

步骤	是否完成
连接交流充电插座线束插接器1，连接交流充电接口盖线束插接器2，连接交流充电插座线束插接器3。插接时注意"一插、二响、三确认"	□是　□否
安装交流充电高压线束卡扣，安装交流充电器锁锁止拉线卡扣	□是　□否
安装交流充电高压线束卡扣	□是　□否
安装交流充电器锁锁止拉线卡扣	□是　□否

(续)

步骤	是否完成
连接车载充电机上的交流充电高压线束插接器1，安装交流充电高压线束插接器卡扣2。插接时注意"一插、二响、三确认"	□是 □否
安装左前轮罩衬板	□是 □否
安装左前轮	□是 □否
连接车载充电机处直流母线	□是 □否
连接辅助蓄电池负极电缆	□是 □否
关闭前机舱盖	□是 □否

任务评价

评分项目	评分标准	自我评价			小组评价			教师评价		
		优秀(25分)	良好(15分)	一般(10分)	优秀(25分)	良好(15分)	一般(10分)	优秀(25分)	良好(15分)	一般(10分)
知识目标	1. 掌握慢充系统部件的名称 2. 掌握慢充系统的检修方法									
能力目标	1. 能够实施慢充系统的故障诊断 2. 能够实施慢充系统的检修									
职业素养	1. 能够查阅维修手册或相关资料准确地找到所需知识 2. 能够与他人交流或介绍相关内容 3. 在工作组内服从分配、担当责任并能协同工作									
工作规范6S	1. 清理及整理工具、量具、车辆，保持实训场地的整洁 2. 建立安全操作环境 3. 物品回收与环保处理 4. 检查、完善工作单									
总评	满分100分									

学习任务三 高、低压转换系统的故障检修

任务准备

一、判断题

（1）在新能源汽车上没有发动机，整车用电的来源不是发电机，而是动力蓄电池和辅助蓄电池。（　　）

（2）DC/DC变换器将高压交流电转换为低压直流电，为全车低压用电设备供电。（　　）

（3）DC/DC变换器是实现电气系统电能变换和传输的重要电气设备。（　　）

（4）DC/DC指将一个固定的直流电压变换为可变的直流电压。（　　）

（5）DC/DC变换器将动力蓄电池或逆变器产生的电能转换成14V左右低压电，用于给辅助蓄电池充电和车身电气设备供电。（　　）

（6）很多电动汽车将车载充电机、高低压转化装置和PTC控制模块合为一个部件，这个部件通常称为PEU。它的作用实际上就是3个部件的功能的组合。（　　）

（7）将电机控制器MCU与DC/DC变换器集成化的驱动电机管理模块被称为PDU。（　　）

（8）2019款比亚迪e5电动汽车的DC/DC变换器集成在电机控制器内。（　　）

（9）吉利帝豪EV450电动汽车的DC/DC变换器集成在充配电总成内。（　　）

二、选择题

（1）新能源汽车的高、低压转换系统由（　　）等组成。
A. 动力蓄电池组
B. DC/DC模块
C. 辅助蓄电池

（2）DC/DC转换方式一般有（　　）。
A. 采用降压斩波电路
B. 采用IGBT直接进行直流电压降压转变
C. 直流电源转换电路
D. DC-AC-DC的方法

（3）更换吉利帝豪EV450电动汽车的DC/DC变换器时需要（　　）。
A. 断开辅助蓄电池负极电缆
B. 断开车载充电机处直流母线
C. 拆卸电机控制器
D. 加注冷却液

任务实施

一、维修作业前准备

在实训任务开展前严格按照此步骤对防护装备、绝缘工具、高压危险指示牌等进行检查。

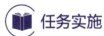

检查方法	检查结果
检查防护用具是否缺失、破损	
检查绝缘工具是否齐全,绝缘胶套是否破损	
检查实训现场是否摆放高压危险指示牌或其他高压警示标识	
如需拆卸维修开关,检查是否有专人进行保管或在特定位置摆放,防止在进行维修作业时,其他人员闭合维修开关造成安全事故	

二、维修作业实施

> 注意：以下维修作业在涉及高压系统时，不能带电操作，如果需要检查高压系统，一定要穿戴好个人防护用具，按规范进行检查。

1. 比亚迪 e5 电动汽车交流充电接口低压线束检查。

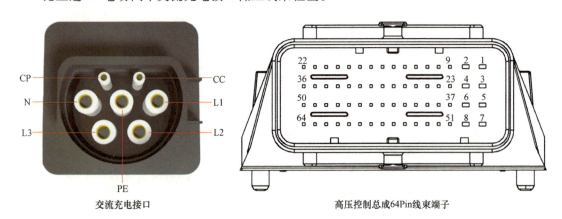

交流充电接口　　　　　　　　高压控制总成64Pin线束端子

将起动开关置于 OFF 档，拔出高压控制总成 64Pin 线束插件，用万用表检查蓄电池管理器插接件 BMC 02 与充电接口端子值

测量位置	电阻	标准值
检测交流充电接口 CC—线束端子 13		小于 1Ω
检测交流充电接口 CP—线束端子 47		小于 1Ω

2. 比亚迪 e5 电动汽车直流充电接口低压线束检查。

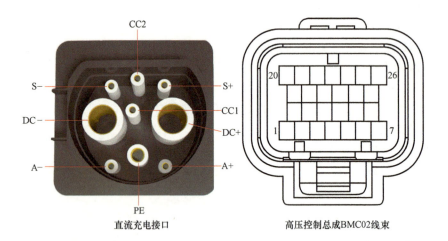

直流充电接口　　　　　　　　高压控制总成BMC02线束

测量位置	电阻	标准值
BMC02-04—直流充电接口 CC2		小于 1Ω
BMC02-14—直流充电接口 S+（CAN-H）		小于 1Ω
BMC02-20—直流充电接口 S-（CAN-L）		小于 1Ω
BMC02-1—直流充电接口 A-（低压辅助电源负）		小于 1Ω
BMC02-2—直流充电接口 A+（低压辅助电源正）		小于 1Ω
车身地—直流充电接口 CC1 车身地		1kΩ±30Ω

项目三 新能源汽车充电系统的结构、原理与检修

3. 检查比亚迪 e5 电动汽车蓄电池管理器。

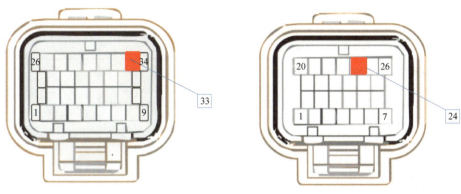

蓄电池管理器低压插接件BMC01　　　　蓄电池管理器低压插接件BMC02

测量项目	测量值	标准值
BMC02 的端子 24 与车身地间的电压		11～14V
BMC01 的端子 33 与车身地间的电阻		小于1Ω
断开充电枪,按下蓄电池管理器插件,将正、负极接触器控制脚与车身地短接		
BMC01 的端子 33 与车身地间的电压		小于1V
充电接口 DC+ 与 DC- 间的电压		电池标称电压

4. 按下面步骤排除吉利帝豪 EV450 纯电动汽车高、低压转化系统的故障。

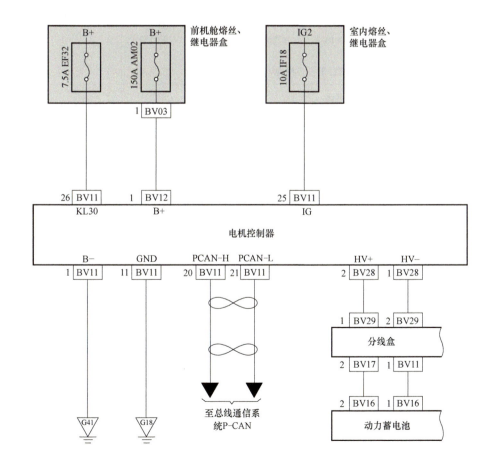

步骤	结果判定
1. 检查辅助蓄电池电压： 1）操作起动开关使电源模式至 OFF 状态 2）用万用表测量辅助蓄电池电压，标准电压为 11~14V 若正常，则进行下一步检查；若异常，则更换辅助蓄电池或为辅助蓄电池充电	□正常　□异常
2. 检查电机控制器熔丝 IF18、EF32 和辅助蓄电池正极柱头熔丝是否熔断： 1）将电源开关置于 OFF 档，拔出熔丝 EF32、IF18、辅助蓄电池正极柱头熔丝 2）使用万用表测量熔丝 EF32、IF18、辅助蓄电池正极柱头熔丝是否熔断，标准值小于 1Ω 若正常，则进行下一步检查；若异常，则检修熔丝电路，更换额定容量熔丝	□正常　□异常
3. 检查电机控制器低压电源电压： 1）将电源开关置于 OFF 档，断开电机控制器线束插接器 BV11 2）将电源开关置于 ON 档，使用万用表测量电机控制器线束插接器 BV11 的端子 25 与车身地间的电压值，标准电压为 11~14V 3）测量电机控制器线束插接器 BV11 的端子 26 与车身地间的电压值，标准电压为 11~14V 若正常，则进行下一步检查；若异常，则修理或更换线束	□正常　□异常
4. 检查电机控制器接地电阻： 1）将电源开关置于 OFF 档，断开电机控制器线束插接器 BV11 2）使用万用表分别测量电机控制器线束插接器 BV11 的端子 1、11 与车身地间的电阻值，标准值小于 1Ω 若正常，则进行下一步检查；若异常，则修理或更换线束	□正常　□异常
5. 检查分线盒线束： 1）将电源开关置于 OFF 档，断开辅助蓄电池负极电缆，电机控制器高压线束插接器 BV28、直流母线线束插接器 BV29（分线盒侧） 2）使用万用表测量电机控制器高压线束插接器 BV28 的端子 1 和直流母线线束插接器 BV29 的端子 1 之间的电阻值，标准值小于 1Ω 3）测量电机控制器高压线束插接器 BV28 的端子 2 和直流母线线束插接器 BV29 的端子 2 之间的电阻值，标准值小于 1Ω 若异常，则更换分线盒总成；若正常，则进行下一步检查	□正常　□异常
6. 检查 DC/DC 转换器与蓄电池之间的电路： 1）将电源开关置于 OFF 档，断开辅助蓄电池负极电缆，断开电机控制器线束插接器 BV12，断开蓄电池正极电缆 2）使用万用表测量电机控制器线束插接器 BV12 和蓄电池正极电缆之间的电阻值，标准值小于 1Ω 若正常，则进行下一步检查；若异常，则修理或更换线束	□正常　□异常
7. 更换电机控制器： 1）将电源开关置于 OFF 档，断开辅助蓄电池负极电缆 2）更换电机控制器 3）确认故障排除	□正常　□异常

任务评价

评分项目	评分标准	自我评价			小组评价			教师评价		
		优秀 (25分)	良好 (15分)	一般 (10分)	优秀 (25分)	良好 (15分)	一般 (10分)	优秀 (25分)	良好 (15分)	一般 (10分)
知识目标	1. 掌握高、低压转换系统的组成、作用 2. 掌握高、低压转换系统的工作原理									

（续）

评分项目	评分标准	自我评价			小组评价			教师评价		
		优秀 (25分)	良好 (15分)	一般 (10分)	优秀 (25分)	良好 (15分)	一般 (10分)	优秀 (25分)	良好 (15分)	一般 (10分)
能力目标	1. 能正确地实施高、低压转换系统的更换 2. 能正确地诊断并排除高、低压转换系统的故障									
职业素养	1. 能够查阅维修手册或相关资料准确找到所需知识 2. 能够与他人交流或介绍相关内容 3. 在工作组内服从分配、担当责任并能协同工作									
工作规范 6S	1. 清理及整理工具、量具、车辆，保持实训场地的整洁 2. 建立安全操作环境 3. 物品回收与环保处理 4. 检查、完善工作单									
总评	满分100分									

项目四 新能源汽车充电站的设计与运行

学习任务一 新能源汽车充电站的认知

 任务准备

判断题

（1）新能源汽车充电站的结构、运营模式取决于主要服务对象的电动车辆类型及用途。（   ）

（2）新能源汽车的电能补给方式有整车充电模式和蓄电池快换模式两种。（   ）

（3）整车充电模式作为电能补给方式操作简单、方便，充电过程无需其他技术需求。（   ）

（4）通常来讲，公交车的运行路线里程较长，跨度也较大，现今的蓄电池技术虽无法保证其整天的行驶需求，但能满足单程的行驶电能。（   ）

（5）建设在城市郊区的电动汽车充电站最大的优势是拥有更低的建设成本以及占地成本，同时能够担任蓄电池电能补给运送及充电工作。（   ）

（6）新能源汽车交、直流充电桩在建设及参照建设标准方面都是一样的行业标准。因此交、直流充电桩的设备要求均相同。（   ）

（7）特殊园区用车辆通常在固定时间内进行运营并且行驶路线较固定，因此这种车辆需要根据其运行情况采取适当的方式给其进行电能补给。（   ）

（8）现今国内外主流新能源汽车生产厂商生产的车载充电机的交流供电电源主要采用单相380V交流电压，少数采用三相220V交流供电。（   ）

（9）为了保证充电桩使用过程中的安全，设备必须具备手动急停功能，除手动急停功能以外，不需要其他功能已经能够保证充电人员在充电桩使用过程中的安全。（   ）

 任务实施

一、维修作业前准备

在实训任务开展前严格按照此步骤对防护装备、绝缘工具、高压危险指示牌等进行检查。

检查方法	检查结果
检查防护用具是否缺失、破损	
检查绝缘工具是否齐全，绝缘胶套是否破损	
检查实训现场是否摆放高压危险指示牌或其他高压警示标识	
如需拆卸维修开关，检查是否有专人进行保管或在特定位置摆放，防止在进行维修作业时，其他人员闭合维修开关造成安全事故	

二、维修作业实施

注意： 以下维修作业在涉及高压系统时，不能带电操作，如果需要检查高压系统，一定要穿戴好个人防护用具，按规范进行检查。

1. 分析两种新能源汽车电能补给方式的优缺点。

_____
_____
_____
_____
_____
_____

2. 通过实地调查走访你所在城市新能源汽车的电能补给方式并填入下表。

序号	服务对象	电能补充方式		
1	电动公交车	□整车快充电模式	□整车慢充模式	□蓄电池快换模式
2	出租车	□整车快充电模式	□整车慢充模式	□蓄电池快换模式
3	特殊园区用车	□整车快充电模式	□整车慢充模式	□蓄电池快换模式
4	景区用车	□整车快充电模式	□整车慢充模式	□蓄电池快换模式
5	环卫用车	□整车快充电模式	□整车慢充模式	□蓄电池快换模式
6	电动私家车	□整车快充电模式	□整车慢充模式	□蓄电池快换模式
7	政府公务用车	□整车快充电模式	□整车慢充模式	□蓄电池快换模式

📖 任务评价

评分项目	评分标准	自我评价			小组评价			教师评价		
		优秀(25分)	良好(15分)	一般(10分)	优秀(25分)	良好(15分)	一般(10分)	优秀(25分)	良好(15分)	一般(10分)
知识目标	1. 掌握新能源汽车充电站的结构及功能 2. 掌握新能源汽车充电站的服务对象 3. 掌握新能源汽车电能的补给方式									
能力目标	1. 能正确地识别充电站的结构 2. 能正确地识别各充电站的服务对象 3. 能正确地识别各电动汽车电能的补给方式									
职业素养	1. 能够查阅维修手册或相关资料准确地找到所需知识 2. 能够与他人交流或介绍相关内容 3. 在工作组内服从分配、担当责任并能协同工作									

(续)

评分项目	评分标准	自我评价			小组评价			教师评价		
		优秀 (25分)	良好 (15分)	一般 (10分)	优秀 (25分)	良好 (15分)	一般 (10分)	优秀 (25分)	良好 (15分)	一般 (10分)
工作规范 6S	1. 清理及整理工具、量具、车辆，保持实训场地的整洁 2. 建立安全操作环境 3. 物品回收与环保处理 4. 检查、完善工作单									
总评	满分100分									

学习任务二　新能源汽车充电站的运行规范

任务准备

一、选择题

（1）新能源汽车充电站的组成主要有（　　）。
　　A. 供配电设施　　　B. 充电机　　　C. 安全防护设施　　　D. 其他配套设施
（2）供配电设施的组成主要有（　　）。
　　A. 高压配电柜　　　　　　　　　　　B. 变压器
　　C. 低压开关柜及其电力　　　　　　　D. 控制线路
（3）根据《国家电网公司电动汽车充电设施建设指导意见》的要求，大型充电站的配电系统应符合常规配电装置的要求，电力负荷级别为（　　）级。
　　A. 1　　　　　　　B. 2　　　　　　C. 3　　　　　　　　D. 4
（4）根据《国家电网公司电动汽车充电设施建设指导意见》的要求，小型充电站采用单路（　　）电源供电，设置户外供电箱。
　　A. 10kV　　　　　B. 0.4kV　　　　C. 20kV　　　　　　D. 0.1kV
（5）充电系统的主体为（　　）。
　　A. 电能变换器　　　B. 非车载充电机　C. 蓄电池更换设备
（6）配电设备监控系统采用（　　）总线与中央控制系统进行数据交换。
　　A. CAN　　　　　　B. LIN　　　　　C. FlexRay

二、判断题

（1）新能源汽车充电站的基本功能应包括供配电、充电、充电过程和配电设备监控、计量、站内设备管理和通信，拓展功能包括计费。（　　）
（2）影响新能源汽车充电站设计的因素包括充电站的容量。（　　）
（3）新能源汽车充电站总体规划与布局应满足便于新能源汽车的出入和充电时停放，保障站内人员和设施的安全。（　　）
（4）充电区的入口和出口应至少有一条车道与站外道路连接。（　　）
（5）充电区应考虑安装防雨设施，以保护站内充电设施、方便进站充电的新能源汽车驾乘人员。（　　）
（6）充电站选址要求便于供电电源的取得，宜接近供电电源端并便于供电电源线路的进出。（　　）
（7）充电站选址时要求电动公交车专用充电站宜设置在公交汽车枢纽站、公交专用停车场附近。（　　）

任务实施

一、维修作业前准备

在实训任务开展前严格按照此步骤对防护装备、绝缘工具、高压危险指示牌等进行检查。

检查方法	检查结果
检查防护用具是否缺失、破损	
检查绝缘工具是否齐全,绝缘胶套是否破损	
检查实训现场是否摆放高压危险指示牌或其他高压警示标识	
如需拆卸维修开关,检查是否有专人进行保管或在特定位置摆放,防止在进行维修作业时,其他人员闭合维修开关造成安全事故	

二、维修作业实施

注意:以下维修作业在涉及高压系统时,不能带电操作,如果需要检查高压系统,一定要穿戴好个人防护用具,按规范进行检查。

检查某充电站选址是否符合要求。

项目	要求内容	是否符合
1	便于供电电源的取得,宜接近供电电源端并便于供电电源线路的进出	□是 □否
2	公共充电站应选择在进、出车便利的场所,进、出口不设置在主干道或快速路主道旁,不设置在交叉口附近	□是 □否
3	公共充电站入口和出口应分别设置车道与站外道路连接,充电站与站外市政道路之间应设置缓冲距离,便于新能源汽车进出和充电等候	□是 □否
4	专用新能源汽车数量较多时,宜设置专用充电站	□是 □否
5	电动公交车专用充电站宜设置在公交汽车枢纽站、公交专用停车场附近	□是 □否
6	新能源汽车充电站应充分利用临近的道路、交通、给排水、消防等公用市政设施	□是 □否
7	新能源汽车充电站应满足消防安全的要求,与其他建筑物之间有防火间距	□是 □否
8	新能源汽车充电站不应设在有爆炸危险环境、场所的正上方或正下方	□是 □否
9	新能源汽车充电站不应设在有剧烈振动或高温的场所	□是 □否
10	新能源汽车充电站不宜设在多尘、水雾或有腐蚀性气体的场所	□是 □否
11	新能源汽车充电站不应设在厕所、浴场等场所的正下方,安装电气设备的功能用房不应与上述场所贴邻	□是 □否
12	新能源汽车充电站不应设在室外地势低洼易产生积水的场所和易发生次生灾害的地点	□是 □否

任务评价

评分项目	评分标准	自我评价			小组评价			教师评价		
		优秀(25分)	良好(15分)	一般(10分)	优秀(25分)	良好(15分)	一般(10分)	优秀(25分)	良好(15分)	一般(10分)
知识目标	1. 掌握新能源汽车充电站对直流充电桩的要求 2. 掌握新能源汽车充电站对交流充电桩的要求 3. 掌握新能源汽车充电站对供配电系统的要求 4. 掌握新能源汽车充电站的设计要求及布置要求 5. 掌握新能源汽车充电站的选址要求									

(续)

评分项目	评分标准	自我评价			小组评价			教师评价		
		优秀 (25分)	良好 (15分)	一般 (10分)	优秀 (25分)	良好 (15分)	一般 (10分)	优秀 (25分)	良好 (15分)	一般 (10分)
能力目标	1. 能正确地对新能源汽车充电站进行初步方案设计 2. 能正确地提出新能源汽车充电站的设计及布置要求 3. 能正确地进行新能源汽车充电站的选址									
职业素养	1. 能够查阅维修手册或相关资料准确地找到所需知识 2. 能够与他人交流或介绍相关内容 3. 在工作组内服从分配、担当责任并能协同工作									
工作规范6S	1. 清理及整理工具、量具、车辆，保持实训场地的整洁 2. 建立安全操作环境 3. 物品回收与环保处理 4. 检查、完善工作单									
总评	满分100分									

学习任务三　新能源汽车充电桩的装配与调试

任务准备

判断题

（1）检查交流充电桩外观时主要看有无刮痕（大小）、掉漆（程度）、砂眼、孔洞、杂色、变形等。（　　）

（2）装配充电桩元器件时，要确保位置正确、安装牢靠。（　　）

（3）在进行充电桩的绝缘性检测时，应全程佩戴绝缘手套、护目镜，但可以不遵守"单手原则"测量。（　　）

（4）N线对交流接触器线圈输出侧（A2）N线电阻值应小于1Ω。（　　）

（5）应使用万用表（直流电压档）测量墙壁插座的供电电压。（　　）

（6）辅助电源模块电源线对地电阻值应大于5kΩ。（　　）

（7）未合闸时，单相断路器输入侧L线对N线电压应在AC 220V左右。（　　）

（8）在测量辅助电源模块、主控模块、显示屏电源线对地测电阻时，不用拔下辅助电源12V输出线。（　　）

（9）在维护界面可进行参数设置，信息查询，记录清除以及桩体信息、联系方式、使用说明等信息查询。（　　）

（10）进入参数设置界面后，可进行费率设置、密码设置、时段设置、系统设置、时钟设置、保护设置、通信设置、恢复默认。（　　）

任务实施

一、维修作业前准备

在实训任务开展前严格按照此步骤对防护装备、绝缘工具、高压危险指示牌等进行检查。

检查方法	检查结果
检查防护用具是否缺失、破损	
检查绝缘工具是否齐全,绝缘胶套是否破损	
检查实训现场是否摆放高压危险指示牌或其他高压警示标识	
如需拆卸维修开关,检查是否有专人进行保管或在特定位置摆放,防止在进行维修作业时,其他人员闭合维修开关造成安全事故	

二、维修作业实施

注意：以下维修作业在涉及高压系统时，不能带电操作，如果需要检查高压系统，一定要穿戴好个人防护用具，按规范进行检查。

1. 按照标准流程完成充电桩的装配并记录主要装配步骤。

2. 按照标准流程完成充电桩的调试并记录主要的调试步骤。

任务评价

评分项目	评分标准	自我评价			小组评价			教师评价		
		优秀 (25分)	良好 (15分)	一般 (10分)	优秀 (25分)	良好 (15分)	一般 (10分)	优秀 (25分)	良好 (15分)	一般 (10分)
知识目标	1. 掌握不同类型充电桩的特点 2. 掌握充电桩的安装调试步骤									
能力目标	1. 能够准确地辨认不同类型的充电桩 2. 能准确地装配不同类型的充电桩 3. 能正确地调试不同类型的充电桩									
职业素养	1. 能够查阅维修手册或相关资料准确地找到所需知识 2. 能够与他人交流或介绍相关内容 3. 在工作组内服从分配、担当责任并能协同工作									
工作规范 6S	1. 清理及整理工具、量具、车辆，保持实训场地的整洁 2. 建立安全操作环境 3. 物品回收与环保处理 4. 检查、完善工作单									
总评	满分100分									

课堂笔记